# EIN GESCHENK GOTTES

## AUS DER EINHEIT DES SEINS

Gegeben für alle Menschen, damit
sie wieder in ihr weites, weiches
und sanftmütiges Herz gelangen.

In tiefer Dankbarkeit
Jahn J Kassl

## INHALT



## KAPITEL

# DAS GESCHENK

Auch dieser zweite, nun vor dir liegende Band von Licht[1] wurde dem Autor Jahn J Kassl aus der göttlichen Urquelle des Seins gegeben. Es ist eine Weiterführung des ersten Bandes und erhellt neue Themen, erklärt Zusammenhänge und führt dich konkret in bisher vielleicht noch nicht ganz ausgeleuchtete Winkel deines Wesens.

Es ist nicht notwendig, den ersten Band gelesen zu haben, um in die Energie dieses Buches zu finden. Beide Bücher sind für sich abgeschlossen und können unabhängig voneinander gelesen werden. Natürlich kann es dir helfen, so du schon vertraut bist mit der Wirkungsweise und der Kraft, die aus diesen Büchern in dein Energiefeld gelangt.

So ist auch dieses Buch durchwirkt von hohen Lichtfrequenzen, von der Lichtschwingung Gottes und von seiner unendlichen Liebe. Wieder wirst du berührt von deinem Sein, sobald du deine Absicht bekundest. Jedes nähere Hinleuchten obliegt deiner freien Wahl, und sobald du deine Entscheidungen triffst, gelangst du in die neue Realität, in die Wirklichkeit deines Liebes-Selbst.

---

[1]* Licht – Heilung durch Gott, Smaragd Verlag (Juni 2008), stellt Band I dar. Es ist vorhergesehen, dass ab der zweiten Auflage dieses Werkes der vollständige Titel auf Cover ersichtlich ist und genannt wird (Anm. d. Autors).

Eingehender weist Kapitel 11 (Ja, ich will) darauf hin. Dieses nun vorliegende Buch soll deine Schwingungsfrequenz weiter anheben und deine Liebesfähigkeit fördern. Es soll dein Herz dort berühren, wo eine Berührung erforderlich ist, um dein volles Potential ins Leben, in deinen Alltag umsetzen zu können.

Lass dich leiten und lies jede Zeile in der Gewissheit, dass du nicht alleine bist und stets von liebevollen Wesen aus der Urquelle des Seins begleitet, unterstützt, energetisch gehalten und mental gestärkt wirst. So lange, bis du von selbst deine Flügel ausbreiten kannst, bis du in deine umfassende Allmacht, in deine alles durchwirkende Kraft der Liebe gelangst. Dieser Dienst versagt nie, und deine Erlaubnis entfaltet dieses Wunder - der liebevollen Begleitung aus der Einheit.

So lass dich durch die Zeilen führen, und Seite für Seite wird dir deine Schönheit entgegen leuchten, und deine göttliche Herkunft wird dir bewusst. Lass dich ein auf diese Reise zurück in die Einheit, indem du loslässt, was dich noch hindert.

Erteile den göttlichen Wesen und dem Licht die Erlaubnis, und dein Herz wird in Fülle, Liebe und Freude zum Wohle der Menschen und der Schöpfung wirken.
Die Liebe des Allmächtigen und die allumfassende Kraft seiner Liebe sind mit dir. Du bist ER.

Und dieses Buch soll dich dieser Erkenntnis näher bringen, damit du endgültig einkehrst in dein Herz, in dein ewiges Sein, in deinen göttlichen Ursprung.

Indem du dich dieser Energie der Liebe anvertraust, kann Transformation geschehen. Entdecke dein Potential und sei bereit – loszulassen. Um einzukehren in die Einheit allen Seins, in das ewige Leben.

Du bist gesegnet und über alle Maßen geliebt.

# EINLEITUNG

Fürchte dich nicht, geliebter Mensch!
Fürchte dich nicht.

Alles, was du jetzt siehst, ist Teil der großen Reinigung, die auf der Erde stattfindet. Der große Umbruch und Wandel ist da!

Nochmals brechen Krisen und Kriege aus. Es scheint, als würden alle Dämme brechen. Fürchte dich nicht. Es sind die letzten Schlachten, ausgetragen mit euren Waffen. Die letzten Kriege, um endgültig all die destruktiven Energien der Menschen ans Licht zu bringen. All die ungelösten Konflikte zwischen den Völkern, den Religionen zwischen Arm und Reich, brechen jetzt hervor.

Zum letzten Mal muss Leid erfahren werden, um dadurch in die bleibende Freude und den Frieden zu gelangen.

Vieles wird durch das Wirken von in reiner Liebe schwingenden Wesen aus der geistigen Welt entschärft. Vieles wird durch das stete Wachsen an Bewusstheit und der Zunahme an Liebesenergie der Menschen gemildert.

So vertraue und sei ohne Angst!
Was immer auch um dich herum geschehen mag - die Erde geht einer glorreichen Zeit entgegen.

Sei gelassen und im Vertrauen.
Verbinde dich bitte täglich mit deiner Urquelle.

Rufe die Engel, Erzengel, die Meister und Heiligen oder Gott selbst um Hilfe. Erteile uns die Erlaubnis zu handeln, damit wir dort unseren Dienst vollbringen, wo du dafür bereit bist.

Erlöse deine gestauten Energien, deine Blockaden, deine Vorstellungen und mentalen Begrenzungen. Dadurch erlöst du die Welt!

Ja, ich will!
Diese Zeit erfordert dein tägliches „Ja, ich will!"

Das göttliche Licht der Liebe und die zuständigen Wesen aus höchsten göttlichen Seinsebenen befreien dich von deinen Anhaftungen und deiner unzureichenden, wie oft auch falschen Selbstwahrnehmung. Wieder gelangst du in deine Kraft.

Die Erde ist im großen Wandel. Nichts bleibt, wie es war. Alles wird zurückgestellt in die ursprüngliche göttliche Ordnung. Das Friedensreich ist nah!
Zum letzten Mal entladen sich die zerstörerischen Kräfte, um dann für immer aus dem Energiefeld der Erde zu treten.

Überall auf der Erde erwachen Menschen und Menschengruppen in das Bewusstsein der Liebe.

Vielen wird ihre Abstammung bewusst, und die notwendige Liebesenergie wird in das kollektive Energiefeld der Menschheit eingespeist.

Die Zahl derer, die ihr Licht entzünden, ist gewaltig!

Bald wird dieses neue Bewusstsein sichtbar werden. Die Menschheit wird sich geschlossen für ein Zusammenleben in Frieden, Einheit und Liebe einsetzen.

Jene, welche letztmalig versuchen, ihre Macht und Kontrolle über die Menschheit zu behalten, werden kein Energiefeld mehr vorfinden in das sie ihre Angstenergien einschleusen können.

Eine in die Liebe erwachte Menschheit ist frei von Angst, und ein Zugriff schwächender Energien ist nicht mehr möglich. Darum ist es jetzt so wichtig, deine Ängste zu klären. Dich davon zu befreien. Restlos und endgültig.

Ja, ich will!

Geliebter Mensch, sei dir deiner wahren Kraft und Macht bewusst. Es kommt auf dich an! Was du in dir erlöst, erlöst du auch in und für die Welt.
Für alle Mitmenschen!

Erkenne diese Tatsache bitte an und beginne mit deiner Hinwendung an deine ewige Essenz.
Mit deiner Rückkehr in dein Herz –
mit der Verschmelzung.

Erkenne, wer du bist.

Wir stehen bereit, um dich zu begleiten und zu unterstützen. Wir wiederholen es gerne und ständig: Es geht um dich, geliebtes Menschenkind!

Fürchte dich nicht, was immer auch geschieht.

Die Erde und der Mensch, treten gemeinsam in die neue Schwingungsfrequenz. Es ist ein einmaliges Ereignis, und am Ende steht der vollkommene Mensch in seiner ganzen Schönheit und Mutter Erde als ein Juwel der Galaxie.

Durch deine Liebe wird alles liebevoll.
Durch deinen Frieden wird alles friedlich.
Durch dein Eins-Sein wird die Menschheit geeint.

Durch dein Loslassen aller gestauten Energien befreit sich auch die Erde davon. Deine Heimkehr in dein Herz ist auch die Heimkehr von Mutter Erde an ihren angestammten Platz in der Schöpfung. Alles ist miteinander verbunden und verknüpft.

Die neue Zeit ist da! Darum fürchte dich nicht und vertraue. Gottes Macht und Kraft sind allgegenwärtig.

Das Geschenk seiner Liebe steht für dich bereit.

# Prolog

# DIE KRAFT DEINER VERWANDLUNG

Geliebter Mensch,
deine Verwandlung verwandelt die ganze Welt!

Sei dir dieses Ausmaßes bewusst, sei dir über deine Verantwortung und über deine Möglichkeiten im Klaren. Jede Meinung, dass ein Mensch alleine nichts ändern, bewirken und verbessern kann, hat keinen Wahrheitsgehalt und ist von Grund auf falsch.

Seit langer Zeit hält sich diese irrige Annahme und hat sich im kollektiven Bewusstsein der Menschheit festgesetzt. Generation für Generation gibt diesen Irrtum, diese Fehleinschätzung deiner tatsächlichen Kraft und Macht, weiter.

Die gesellschaftlichen Strukturen unterstützen dieses Muster, und ein Ausstieg aus dieser falschen „Massenannahme", aus diesem Irrtum, war bisher mit großen Schwierigkeiten verbunden.

Jeder Mensch, der diesem Postulat entgegentrat, wurde aufs Äußerste behindert, verlacht, gedemütigt oder gar zu Tode gebracht.

Jeder Mensch, der in sein Bewusstsein und in seine Kraft erwacht ist, wurde als störend erlebt und von der Gesellschaft bekämpft.

Aus Mangel an Verständnis oder aber ganz gezielt, um die Mitmenschen nicht daran zu erinnern, wer sie sind, und um keine, wie immer geartete „Kettenreaktion“ herbeizuführen.

Ein kollektives Erwachen wurde stets mit allen Mitteln bekämpft und mit allen Methoden unterdrückt. Die Energie und Realität der Liebe sollte stets nur einigen Wenigen vorbehalten und möglich sein.

Denn sobald diesem „kollektiven Wahn“, dass ein Einzelner keine Veränderungen herbeiführen kann, ein Ende gesetzt wird, brechen alle Systeme, alle Strukturen und alle Machtmechanismen, die eine manipulativ schwächende Wirkung auf die Menschen ausüben, auseinander.

Ein in Freiheit und Liebe lebender Mensch ist die Garantie dafür, dass alle Destruktivität, Angst und Lieblosigkeit verschwindet.

Dies konnte bis jetzt keine globale Spiegelung finden, da dafür bisher noch zu wenig förderliche Energien ins Kollektiv eingespeist waren und die „dunklen Kräfte“ dies mit aller ihnen zur Verfügung stehenden Macht verhindert haben.

> Deine Kleinheit wurde dir stets vor Augen geführt, bis du schließlich ganz daran geglaubt hast.

Du hast aufgehört, Fragen zu stellen, weder dir noch anderen, und bist damit beschäftigt gehalten worden, zu überleben, wenigstens dein physisches Dasein zu sichern.

Darüber hinaus war keine Wahrnehmung möglich und auch nicht erwünscht.

Zudem sind all euere Systeme so aufgebaut, dass sie dich in permanenter Unruhe halten. Deine Wahrnehmung soll ständig auf das Außen gerichtet bleiben, denn die Hinwendung auf dein Inneres ist unerwünscht, hinderlich, und wenig macht erhaltend. Und jene, die dies verantworten, wissen genau, was ein ERWACHEN, was die Einkehr in dein Herz auslöst:

Freiheit und absolute Unabhängigkeit!

Ein selbstbewusster Mensch ist die größte Gefahr für Angstmachende, Kleinhaltende sowie Macht und Kontrolle ausübende Systeme.

Eure Wirtschaft, eure Politik, eure gesellschaftlichen Strukturen sind davon durchzogen. Seit unendlich langer Zeit wird der einzelne Mensch oft ganz bewusst von seiner Kraft und Macht, seiner inneren Stärke und Schönheit ferngehalten.

Erwachen und Wachstum, das Zurückfinden in dein Sein, war bisher äußerst schwierig, da die Realität auf der Erde dieses in keiner Hinsicht förderte, sondern es stets, wo immer möglich, be- oder verhindert hat.

Die wenigen großen Geister, die die endgültige Vollendung erlangten, werden meist verklärt und entrückt dargestellt.

Und damit niemand auf die Idee kommt, diesen „Meistern des Lebens“ nachzufolgen, hat man sie aus eurem Alltag entrückt und in unerreichbare Höhe gestellt. Als göttlich, übermenschlich und fern jedes irdischen Zusammenhangs.

Dabei übersieht man ganz bewusst, dass diese Menschen, genau wie du, Menschen unter Menschen waren und durch ihre Erfahrungen und Lernschritte gehen mussten. Genau wie du! Und es wurde ihnen nicht leicht gemacht.

Die Erde hatte über viele Jahrtausende eine völlig andere Schwingungsfrequenz als zu Zeit, wo alles im Umbruch und im Wandel ist.

Dies bedeutete, dass ein Durchbruch ins Licht, eine direkte Verknüpfung mit der Heimat, unserer Urquelle, sehr schwierig war. Wie ein dichter Vorhang keinen Blick auf das Dahinter freigibt, so war es fast unmöglich, den Blick in diese alles durchwirkende Realität zu erlangen.

Sobald diese einzigartigen Menschen ihre Körper verließen, hat man sie den Menschen entrückt und zu Göttern gemacht. Unerreichbar und fern von jedem Bezug zu dir, zu deiner Realität auf Erden.

Du könntest ja auf die Idee kommen, es ihnen gleich zu tun und deinen Weg zurück in die Einheit zu gehen beginnen. Doch davor fürchten sich jene Gruppen, welche die Kontrolle und Macht über die Menschheit bisher ausgeübt haben.

Sobald der Mensch, jeder Einzelne, jeder für sich, seine wahre Abstammung, Größe, Kraft und Schönheit erkennt, wendet er sich seinem innersten Wesen zu, und die Machtmechanismen können nichts mehr bewirken.

Sobald du erkennst, dass du tatsächlich göttlich bist und mit allem, was du benötigst, aus der Urquelle des Seins versorgt wirst, entfernst du dich augenblicklich von diesen angstmachenden und kleinhaltenden Energien der Destruktivität.

Das Erlösen deiner Angstenergien ist daher der Beginn dieser Reise zurück in die Einheit. Sobald du keine Angst mehr hast, bist du nicht mehr manipulierbar. Du erhältst deine Kraft zurück und stehst selbstbewusst da.

Nun stelle dir bitte vor, jeder Mensch dieser Erde könnte plötzlich seine angestauten Ängste und all seine Angst ablegen. Was, meinst du, geschieht dann? Alle Systeme, die auf Angst aufgebaut sind, brechen unweigerlich zusammen.

Du lebst deine Göttlichkeit, und jede Sorge und Angst sind verschwunden. Druck und Angst machende Energien erreichen dich nicht mehr.

Augenblicklich würden alle Nachrichtensendungen keine Quoten mehr haben. Keine Firma könnte sich unsoziales oder menschfeindliches Agieren erlauben, da sie ansonsten ohne Mitarbeiter auskommen müsste.

Die Politik müsste unbedingt zur Verbreitung von Wahrheit, Ehrlichkeit und zum aufrichtigen Dienst für die Menschen und zum Wohle der Gemeinschaft zurück finden. Denn ein wacher Mensch durchschaut augenblicklich alle Lügen, und diese Veränderung hat globale Dimensionen.

Ein in sich zufriedener und in seiner Bewusstheit agierender Mensch zieht all seine Energien aus dem Kollektiv zurück, so diese nicht einem reinen und egobefreiten Grundmuster zugrunde liegen.

Das ist deine wahre Macht! Und jeder Einzelne hat es in der Hand, im Herzen, ob er sich in seine Kraft, zu seinen Wurzeln, hinwenden will.

Eine selbstbewusste, in Liebe geeinte Menschheit hat völlig andere Bedürfnisse, und das Zusammenleben auf Erden wird schön und friedlich, verständnisvoll und tolerant.

Es gibt keine Trennung mehr, da jeder in sich seinen Frieden, seine Freude und seine Selbstliebe gefunden hat. Dieser innerste Wesenskern legt bei allen Menschen reine Liebe frei, und dadurch ist ein inneres Verbundensein mit allen Geschöpfen gewährleistet. Alles, was zu einer oberflächlichen Befriedigung des Egos führt, ist von dir gegangen, da sich das Ego völlig zurückgezogen hat.

Dein Frieden ist die Energie, die nun neue Gesellschaftsstrukturen schafft, wahrhaftige Zusammenarbeit ermöglicht und alle Grenzen der Religionen aufhebt.

Um als geeinte Menschheit, wesensgleich
und ausgerichtet auf unser aller Heimat,
Gottes Lobgesang zu preisen.

Dies ist keine Illusion, nicht weltfern oder träumerischer Zauber. Es ist die Realität, auf die die Menschheit nun zugeht.

Beobachte genau, und du wirst bemerken, dass sich über Jahrhunderte bestehende Strukturen plötzlich auflösen. Alles ist in Veränderung, und sogenannte Sicherheiten gibt es nicht mehr.

Die Erde und die Menschen sind bereits mitten in diesem Umbruch. Möglich durch die hohe Lichteinwirkung, da die Erde in eine neue Schwingungsdimension tritt, und möglich vor allem dadurch, weil immer mehr Menschen lernen, in ihr Herz zu schauen. Immer mehr Menschen verlagern ihre Aufmerksamkeit nach innen und erlangen so Wissen, das bisher verborgen blieb.

Sie erwachen in ihre Kraft und entziehen den morschen und auf Lügen aufgebauten Gesellschaftsmodellen ihre Energie. Somit fallen diese in sich zusammen, und Neues kann entstehen.

In Frieden und in Liebe werden wahre Wunder emporwachsen, und das Zusammenleben auf der Erde wird ein Fest. Der Himmel öffnet seine Schleusen, und unaufhörlich fließen das göttliche Licht und die Liebe Gottes der Erde zu euch.

Keine Ebene und kein Winkel des Planeten bleiben davon unberührt.

Kein Mensch und kein Winkel deines inneren Wesens bleiben unbelichtet, und jeder erhält seine optimalen Möglichkeiten, um in seine Realität der Klarheit, des Friedens, der Erleuchtung und der Liebe zu gelangen.

Und ein einzelner Mensch kann nichts verändern?

Nichts hätte sich bisher verändert, und kein „Fortschritt" wäre möglich, wenn nicht die „einzelnen" Menschen es gewesen wären, die zuerst sich und damit unweigerlich auch ihr Umfeld mit verändert hätten. Die Kraft liegt in dir. Aus dir geschehen die Veränderungen, und sobald du dich als Liebe erfährst, kann dich nichts mehr täuschen.

So ist deine Veränderung die Veränderung der Welt.

Das Spiel mit der Angst ist aus! Und dir soll kein Schaden mehr erwachsen. Die Zeit, in der durch die Kraft deiner Veränderung eine neue Lebensrealität erschaffen wird, ist – JETZT! JETZT ist die Zeit der Umbrüche, Aufbrüche und des Erwachens.

Daher tritt ins Licht und erkenne, wer du bist.
Erhebe deinen Blick und schaue deine Schönheit.
Erfahre dich als reiner Ausdruck Gottes und wirke durch die Energie der Liebe.

Bringe die „entrückten Götter" zurück in deinen Alltag und erlebe deine eigene Göttlichkeit. Es ist alles eins. Die Knechtschaft des Menschen auf der Erde ist vorbei! Unwiderruflich zu Ende.

Es ist die Zeit der Erlösung und der Liebe.

Im Übermaß wird das Füllhorn Gottes
ausgeschüttet über die Erde und die Menschen.

Jeder destruktiven Energie ist die Macht genommen. Jedem Ausdruck von Angst, schädigender Machtausübung und Dunkelheit, jeder Manipulation und jedem Gefühl von Druck machender, wie dich drückender Beschaffenheit, ist die Kraft genommen! Endgültig und für eine lange, lange Zeit.

Jeder findet seine Möglichkeiten zur Erlösung.
Die Veränderungen sind nicht mehr zu übersehen.
Ein langer Frieden steht bevor.

Dein Herz kennt alle Antworten, und jetzt ist die Zeit, in der du beginnst, deine Fragen zu stellen. Und diese Fragen sind von entscheidender Bedeutung. Allein die Tatsache, dass du hinsehen, hinleuchten und auflösen willst, allein diese Tatsache bringt dich mit Menschen in Kontakt, die dich dabei unterstützten und begleiten.

Dein Wille zählt, und für alles andere ist gesorgt!

Bitte bringe dich ins Wissen um die Zusammenhänge. Erlaube dir diese Erkenntnis, und du wirst unmittelbar ins Verstehen gelangen. Entlasse alle destruktiven Energien aus deinem Dienst und sei wieder dein Herr, dein Meister, dein Liebes-Selbst, in deiner dir gegebenen Schönheit.

Von Anbeginn an bist du göttlich,
und dein Sein ist reine, in allem pulsierende Liebe.
Erkenne und erwache – sei bereit und wach!

Die Zeit der Zeiten ist jetzt!

Die Zeit des bleibenden Friedens und der alles umfassenden Liebe ist gekommen. Die Zeit, die Gottes Wirken in die Realität der Erde bringt.

Dein Lebenssinn ist:

Jetzt zu erkennen, aufzulösen und zu erleuchten. Jetzt deiner Einmaligkeit gewahr zu werden und jetzt in deine Allmacht und in die bedingungslose Kraft deiner Liebe zu gelangen.

Dein Herz kennt alle Antworten. Höre hinein, und die Schönheit deines Wesens wird dir offenbart.

Der Umbruch ist da. Es ist dein Aufbruch in deine wahre, immerwährende und ewige Essenz.

In dein Liebes-Selbst.
In dein Herz.

# DEIN HERZ

Jede Heilung geschieht aus dem Herzen heraus. Das Herz der Menschen beinhaltet alle Lösungen.

Dort entstehen die Wunder, die uns zurückbringen in unser Heil-Sein, in unser Ganz-Sein, in unsere Vollkommenheit. Die Kraft des Herzens erzeugt Liebe, und diese Quelle versiegt nie. Stets bringt sie reine, in Liebe pulsierende Energie hervor, damit du deine Anbindung an das Göttliche erleben kannst. Dein Herz hält alle Schlüssel für dich bereit, die du benötigst, um in der bewussten Einheit mit Gott zu leben.

Wenn deine Vorstellungen und Blockaden, die dir den Zutritt versperren, aufgelöst sind, kann dein Herz seine volle Kraft entfalten. Je mehr du deine Energiekörper vom „energetischen Unrat", wie zum Beispiel Blockaden, und nicht mehr notwendigen Mustern befreist, desto direkter, klarer und erfüllender ist dein Zugang in dein Herz.

Der Begriff „Herzlich sein" trifft genau, worum es geht: in dein Sein zu gelangen. Und dieser Weg führt immer über dein Herz.

So besitzt du nicht nur ein physisches Herz, das in deiner Brust schlägt, sondern auch feinstoffliche Herzen, damit jeder Ausdruck deines Wesens aus dieser Kraft heraus genährt werden kann.

Deine Hineinwendung und deine Rückkehr in dein Herz bedeuten das Wiedererlangen deiner vollen Bewusstheit. Der Lichtstrahl Gottes findet seine Manifestation im Ausdruck deines Herzens.

Dein Herz ist somit die manifestierte Liebe Gottes. Die Form, in der Liebe „begreifbar" wird.

Alles ist Licht, und alles Leben, in der sichtbaren wie in der unsichtbaren Welt, liegt dieser Energiequelle zugrunde. Das Herz ist der sichtbare Ausdruck deiner Essenz, deiner immerwährenden Fähigkeit, zu lieben.

In jedem Herzen ist die „Grundinformation" der wahren Herkunft gespeichert. Erlangst du Zutritt in dein Herz, wird dir deine Abstammung bewusst. Durch die Öffnung deines Herzens öffnest du automatisch auch alle Schleusen zur Erkenntnis. Selbsterkenntnis und dein Sein, bleibende und EINZIGE Realität, von Anbeginn der Zeit, von Ewigkeit zur Ewigkeit, kann nur so erfahren werden.

Leben aus dem Herzen heraus bedeutet, stets bewusst mit dem Herzen verbunden zu sein und kraft dieser Liebesenergie zu handeln. Alle Verletzungen, Irritationen und Schmerzen, alle Verstellungen, Ängste und Blockaden, die dein Herz belasten müssen erlöst, geklärt und transformiert werden. Die jetzige Zeit erfordert diesen deinen Schritt.

Deine gezielte Arbeit an der Freilegung deines Herzens, deiner ewigen Essenz.

Die Urkraft in dir, aus der du der erst sein kannst, die du bist. Die dich in deine Kraft und Macht, in deine Liebe und in das Licht bringt.

Viele Menschen leiden an Herzschwäche, Durchblutungsproblemen – Bypässe werden gelegt. Andere wiederum haben ein gebrochenes Herz, und auf der feinstofflichen Ebene ist dies zu sehen. Wie ein „Riss" durchzieht dieser Schmerz das Herz der Menschen. Jede Krankheit und jedes physische und psychische Unwohlsein haben ihren Ursprung im Mangel an Herzensenergie. Es fehlt die Kraft, die liebevolle Realität deines Herzens. Dieser Mangel erzeugt sämtliche Krankheiten auf allen Ebenen deines Wesens.

> Ein auf Dauer schmerzerfülltes Herz bringt Krankheiten und Lieblosigkeit hervor.

Du beginnst, dich zu schützen und noch mehr einzubunkern. Damit keine Verletzung mehr auftritt, versperrst du den Weg zu deinem Herzen. Anstatt aufzulösen und zu erleuchten, baust du neue Hindernisse. Denn dein Schmerz ist groß, und deine Angst hält dich im Griff. Ein großer Mangel an Herzlichkeit ist dir widerfahren, und um eine Wiederholung dieses Schmerzes zu vermeiden, schließt du deine inneren Pforten und verbannst jede Herzlichkeit aus deinem Alltag.

Jetzt kann dich zwar nichts mehr verletzen, aber es kann dich auch nichts mehr berühren. Das ist die Folge deiner Entscheidung, und durch viele Leben hat dich dieses Muster begleitet.

Ein gebrochenes und verletztes Herz auf all deinen Wesensebenen zu heilen erfordert deine ganze Aufmerksamkeit und deinen ganzen Mut.

Nochmals durch die Schmerzen zu gehen und diese für immer zu erlösen. Sie loslassen, damit sie eingehen in den Ozean der Liebe. Dorthin findet jede Energie zurück, jeder Gefühlsausdruck, jeder Gedanke, jedes Muster und auch jeder Schmerz.

Im Ozean der Liebe findet alles Erlösung.

Es ist der ewige Gnaden-Ort, damit wir aus dieser Realität aussteigen können. Aus der Realität der negativen und schmerzbeladenen Energien.
Die Hinwendung an dein Herz bedeutet, den Mut aufzubringen, hinzusehen auf deinen Schmerz.
Auf diese Verletzungen, die seit langer Zeit in dir beheimatet sind und dich am Herzlichsein hindern.

Daher ist es unerlässlich, das Licht anzurufen.
Es einzuladen und damit deine Bereitschaft zu signalisieren.

Das Licht heilt und bewirkt alles. Es erlöst und löst auf. Wie ein Laserstrahl entfernt es deine „Schutzkonstruktionen“, die dir den Weg in dein Herz versperren.

Das Licht und dein Herz ziehen einander wie von selbst an, da sie wesensgleich sind. Beide sind Ausdruck der Liebe.

Das Herz als formgebender Ausdruck deines Wesens, und das Licht als formloser, alles durchdringender Strahl aus der göttlichen Urquelle.
Diese Vermählung ist dringend notwendig und ein Erfordernis dieser Zeit.

Die Erde braucht heile Menschen, die aus einem befreiten Herzen heraus wirken.

Das Licht ist die Lösung! Es bedarf deiner Absicht.
Wieder ist dein: „Ja, ich will" gefordert.

Dein Bekenntnis und dein Mut, aufzuräumen auf all deinen Ebenen, auf all deinen Dimensionen, um als vollständiges Wesen ganz und heil zum Wohle der Schöpfung beizutragen.

Die Herzöffnung ist der wesentlichste Schritt auf deinem Weg zurück in die Einheit. Du kannst alle Techniken und Wissensmöglichkeiten erforschen, psychologische Analysen durchlaufen oder sämtliche „Selbsterfahrungsseminare" besuchen. Was immer du auch versuchst, alles ist wertlos, wenn du dabei nicht in dein Herz gelangst. Wertlos!

Jede Therapie, die nur an den Symptomen arbeitet, ist absolut wertlos! Es stellt sich nur neue Frustration ein, oder aber neue Betäubung.
Wie ein Ruhigstellen.

Jeder Prozess, der nicht auf dein ganzes Wesen und, vor allem, auf das Wiedererlangen der Kraft deines Herzens ausgerichtet ist, ist nur ein weiterer Beitrag, dich fern zu halten von deiner wahren, liebenden Essenz.

Dein Herz ist das zentrale Thema. Jede diesbezügliche Irritation bringt Unwohlsein oder Schmerz.
Ständige Irritation bringt Krankheit hervor,
quälende Unruhe, Unsicherheit und Lieblosigkeit.

Das Herz ist der Schlüssel für ALLE Probleme, die die Erde derzeit so massiv knechten. Das Ungleichgewicht zwischen den Völkern, die Intoleranz zwischen den Kulturen und die Verständnislosigkeit zwischen den Religionen sind ein untrügliches Zeichen dafür, dass das Herz der Menschen noch voller Schmerzen und Verletzungen ist und dass diese Wunden nach Heilung rufen.

Alle Konflikte, die die Erde in einem noch nie da gewesenen Ausmaß überziehen, ist der alles übertönende Ruf nach – EINHEIT.
Es ist das nicht zu überhörende Rufen nach – LIEBE.
Das Verlangen nach – HERZLICHKEIT.

Jedes Drama, persönlicher wie globaler Natur, hat seinen Ursprung im Energiefeld des einzelnen Menschen. Darum kläre deine Energien, mach dich frei und sei ohne Angst. Finde zurück in dein Herz. Räume alles aus dem Weg, was dich dabei hindert. Deine Heilung ist die Heilung der Erde.

Mutter Erde braucht deine geklärten Energien, deine bedingungslose Liebe und deine innere Schönheit.

Es ist alles miteinander verbunden, und durch deine Heimkehr in dein Herz gewinnt auch die Erde ihre Schönheit wieder.

Das ist keinesfalls abstrakt oder weltfern. Es ist einzig wahre und gültige Realität. Klärst du deine inneren Strukturen und deine Energien, transformierst du sie in Liebe, lösen sich jede Destruktivität, jede Negativität und alle zerstörerischen Gedanken, Worte und Taten auf. Du erlebst dich als Einheit mit allem Leben. Das ist DEIN Beitrag.

Und dieser Beitrag ist wesentlich!

Ohne deiner Verwandlung wird sich nichts verwandeln. Suchst du im Außen nach Wunder, suchst du vergebens. Die wahren Wunder geschehen in und mit dir.

Durch dich und durch dein Begreifen. Durch das Erkennen und Erlösen deiner Wunden. Jeder erlöste Schmerz ist ein unendlich wichtiger Beitrag zur Erlösung der gesamten Menschheit.

Schaue nicht mit Schrecken in die Welt und urteile nicht. Alles ist ein Ausdruck der ungeklärten Gefühle des Menschen. Darum richte deinen Blick nach innen. Sieh hin, was deine Aufmerksamkeit braucht.

Wo ruft dein Herz nach dir, und du hörst es kaum, da davor noch Hindernisse aufgebaut sind? Wo lauert dein Schmerz, wo hast du bisher nicht gewagt hinzusehen? Welcher globale Schmerz ist in dir noch nicht erlöst? Ist Fremdenhass nur ein Thema für die anderen? Sind der gesellschaftliche Rang, Ruhm und Macht, Neid, Zorn, Eifersucht, Hass und Gier nur ein Thema für die anderen?

Auf diesen Gefühlen sind all euere Konflikte aufgebaut! Sei mutig und wende dich deiner inneren Welt, deiner „Geschichte", erzeugt durch viele, viele Leben, zu. Beobachte das Außen, aber richte den Blick stets nach innen. Sei aufmerksam und beanspruche das Licht.

„Bitte, und es ist dir gegeben!"

Das ist keine „nette" Formel, sondern die einzig wahre und ewige Realität. Beanspruche das Licht, rufe es an, und augenblicklich wird es seine Wirkung entfalten. Rufe das Licht, und du wirst hingeführt zu deinem Erkennen.

Es werden Menschen in dein Umfeld treten, die dich dabei begleiten. Gerade die ersten Schritte zurück in dein Herz sind wichtig. Du wirst wieder in dein Vertrauen gelangen und jede Angst allmählich ablegen. Du musst dich wandeln, verwandeln, wiedergeboren werden, um in deiner ganzen Schönheit für deine Mitmenschen zu leuchten.

Vertraue daher dem Licht und der göttlichen Gnade.

Du wirst geführt und erhältst zu der für dich optimalen Zeit alle Lebensumstände, die dich weiterbringen. Deine reine Absicht bewegt auch deine Welt im Außen. Beobachte gut, und du wirst staunen, welche Wunder dir begegnen.

Dein Herz hält alle Lösungen bereit. Das Licht führt dich dahin zurück, woher du einst gekommen bist.

Vor langer, langer Zeit und aus freiem Entschluss. Dein Herz birgt alle Antworten, und die Schlüssel dazu befinden sich in dir.

Wage diesen Schritt in dein Herz, zurück in deine innere Vertrautheit, hinein in dein Sein.

Unendliche Fülle und unermessliche Liebe sind dein Geschenk, das gegeben wird, sobald du die Türen öffnest und eingehst – in dein ALLES heilendes und liebendes Herz.

# DIE ERWARTUNG

Lebst du in der „Realität“ von einer stark ausgeprägten Erwartungshaltung, schneidest du dich ab vom Sein. Erwartung ist immer Ego anhaftend und ein Ausdruck deiner eingeschränkten Selbstwahrnehmung.

Erwartest du dir etwas, sei es von dir oder von anderen Menschen, kommt es in deinen Energiekörpern zu einer Art „Erstarrung“. Deine Energien fließen nicht mehr frei, da du deine ganze Aufmerksamkeit auf die Zukunft richtest, in der sich deine Erwartung erfüllen soll.

Du bist in der Vergangenheit, sollte sich eine Erwartung nicht erfüllt haben, und gedanklich in der Zukunft, während du auf das Eintreten der Erwartung wartest. Fern vom Jetzt reduzierst du deine persönliche Wahrnehmung.

Erwartungen binden deine Energien und halten dich davon ab, im JETZT zu sein. Aufmerksam jeden Moment und der Schönheit des Lebens zu begegnen.

Wie hypnotisiert wartest du auf den Moment, der dir die Erfüllung bringen soll. Doch währenddessen versäumst du all die Augenblicke, die dir tatsächliche Freude und Fülle geben.

Ob du nun von dir oder von einem Mitmenschen etwas erwartest, ist dabei belanglos. Immer staut sich deine Energie, und dein Ego hat die Kontrolle. Erwartung führt immer zu Enttäuschung und Frustration. Selbst wenn ab und an Erfüllung eintritt, ist dieses nur ein kurzes Hochgefühl, da niemals Frieden einkehrt. Kaum hat sich ein Erwartungsmuster erfüllt, erscheint das nächste Ziel, und wieder wartest du – bist in Erwartung.

Bist du im Sein, gibt es keine Erwartung. Alles ist da, unmittelbar und JETZT. Worauf also warten, es gibt nichts, was zu erwarten wäre, da alles da ist:

uneingeschränkte Fülle und im JETZT.

Sobald du erkennst, wer du bist, und sobald du deinen inneren Wesenskern freigelegt hast, lösen sich Erwartungsmuster auf. Dieses Loslassen bringt dir unglaublich viel Energie zurück. Die Erstarrung verwandelt sich in Beweglichkeit. Du wirst geschmeidig, und das ist deiner Körpersprache anzusehen.

Du bist geboren, um aus deinem wahren Wesen heraus zu wirken. Aus deinem Sein. Und nicht, um Erwartungsbilder zu erfüllen, die im Kollektivbewusstsein der Menschen gespeichert sind und ständig Unruhe, Unzufriedenheit und eine völlig falsche Selbstwahrnehmung hervorrufen.

Sie halten dich ab von deiner Freude,
da Erwartung den Moment, das Jetzt, übersieht!

Sei stets bereit, aber erwarte nichts.

Sei wach und frisch, offen und beweglich. Staune und erlebe die Welt mit allen Sinnen, den dir innewohnenden wie den äußeren Sinnen. Sei fröhlich und bleib gelassen, wenn dich Ereignisse beunruhigen.

Bleibe immer im JETZT. Da lebst du, da bist du, da ist dein Sein. Es ist für alles gesorgt, so du diese Wahrheit begreifst. Es ist ein göttliches Gesetz, dass für jeden Menschen gesorgt ist.

Nur weil die meisten Menschen dieses nicht annehmen können, erzeugen sie ihre Realität und leben im ständigen Mangel. In ständiger Erwartung. In ständiger Sorge.

Es ist für JEDEN gesorgt, geliebtes Menschenkind.

Das ist keine weltfremde, abgehobene und realitätsferne Illusion, sondern einzig wahres und ewiges Gesetz.

Jeder Mangel ist vom Menschen gemacht. Durch dein Denken erzeugst du deine Realität. Deine Worte verdichten dieses, und deine Handlungen erzeugen schließlich deine Erlebniswelt, deine sogenannte Realität.

Bitte das unfehlbare göttliche Licht um Erleuchtung. Lass es ein in dein Sein, damit du erkennen kannst, wer du bist.

Es ist der Mangel an Selbsterkenntnis, der all deine Mangelphänomene erzeugt, denn die Erwartung spiegelt immer ein ausgeprägtes Mangelgefühl wider.

Wisse, es ist kein Mensch dafür geboren, um deine Erwartungen zu erfüllen! Kein Kind wird deine Erwartungen befriedigen, und kein Partner ist dazu da. Absolut kein Wesen und kein Ausdruck dieser Lebensrealität sind dazu da, um deinen Erwartungen gerecht zu werden. Und auch du bist nicht dazu da, um dir deine selbst gesetzten Erwartungen zu erfüllen, oder den Erwartungsbedürfnissen anderer gerecht zu werden.

Es ist so wichtig zu erkennen, wofür du geboren wurdest. Das Licht zeigt dir auf und leuchtet hin, damit du dich sehen kannst, und du wirst staunen, denn eine tiefe innere Berührung widerfährt dir. Diese Zartheit ist die Liebe aus deinem Sein. Berührst du diese Energiequelle, erlebst du Fülle! Unmittelbar und vollkommen. Kein Mangel mehr, keine Erwartung, keine Vergangenheit oder Zukunft.

Dein Sein im JETZT.
Du bist, der Du bist.

Das Loslassen von diesem so subtil lähmend wirkenden Gefühl ist eine wahre Befreiung, als würdest du eine schwere Last ablegen. Auch körperlich fühlst du dich leichter und elastischer. Beweglicher und harmonischer.

Meist befreit dich dieses auch von Verspannungen. Du hast deine Starrheit, dein Warten, aufgegeben und erhältst deine Energien zurück.

Erstarkt stehst du da und kannst JEDEN Augenblick genießen.

Freude, Frieden, Freiheit und Liebe - im JETZT. Nicht in der Vergangenheit suchst du nach dem Glück, auch wartest du nicht auf die Zukunft.

Du bist jetzt vollkommen erfüllt und präsent von dir.

Jede Erwartung begrenzt dich in deinem Wirken, macht dich passiv, träge und unzufrieden. Im Kollektivbewusstsein der Menschheit sind unendlich viele Erwartungsmuster gespeichert, und durch die Medien wird diese Illusion weiter aufrecht erhalten. Steige aus dieser Spirale! Mach dir deine Themen bewusst. Lass das Licht ein und erlöse dich davon.

Euer soziales Leben, eure Kommunikation,
eure Systeme, wirtschaftlich wie politisch,
sind durchzogen von Erwartungsmustern.

Der Mann erwartet von der Frau, die Frau vom Mann, dieses und jenes. Von der Arbeit erwartest du dir, dieses und jenes. Der Staat soll dir diese oder jene Erwartung erfüllen usw. In der Spirale von Selbsterwartung, der Erwartung an andere sowie dem Erfüllen fremder Erwartungsmuster bewegst du dich und bist darin gefangen. Erhebe dich und beginne, deine tatsächliche Kraft zu beanspruchen.

Du bist Mit-Schöpfer und absoluter.
Mit-Gestalter deiner Realität.

Alles beginnt bei deinen Gedanken. Was du denkst, das wirst du. Unweigerlich. Schaue auf das, was du tust, was du sprichst und was du denkst.

Wo begegnest du deinem Mangel?

Durch das Transformieren dieser Energien gelangst du in deine Kraft und in dein Sein. Das göttliche Licht hilft dir dabei. Es leuchtet dorthin, wo dein Mangelgefühl den Ursprung hat. Es findet die richtige Zuordnung und löst dieses Muster auf.

Das ist sehr wichtig, denn die richtige Zuordnung bringt dich ins Verstehen, und nur diese Heilung ist vollständig. Dein umfassendes Wesen wurde berührt und wird wieder ins Gleichgewicht gebracht. Energien, die dich an deiner Selbstwahrnehmung hindern, müssen dorthin zurückgestellt werden, woher sie kamen. Daher ist es notwendig, die richtigen Zuordnungen zu treffen.

Erwartungen, die deine Umgebung an dich hat, müssen an dir abperlen wie der Regen am Regenmantel. Durch dein Erkennen und Auflösen wirst du immun dagegen. Das kollektive Erwartungsmuster hat keine Macht mehr.

Du bist frei und in deiner Kraft.
Verankert in deinem Sein.
Verbunden mit deiner Essenz.

Licht und Liebe erstrahlen aus deinem Wesen.
Das ist der Schutz, der Mantel, der destruktiv wirkende Energien von dir fern hält.

Das Loslassen von Erwartungen wirkt unmittelbar, und sofort fühlst du dich besser. Leichter und wohler.

Und jedes neuerliche Loslassen bringt dich deiner wahren Abstammung näher. Bis du eintrittst in dein Allerheiligstes, deinen inneren Raum
– in deine Göttlichkeit.

Das Auflösen von Erwartungen setzt „unerwartet" viel Energie frei. Du feierst jeden Tag aus deinem Herzen heraus, du kennst deine Aufgaben und die Zusammenhänge, du bist zentriert – in deiner Mitte.
Mit dir im Einklang. Dein Ego hat sich zurückgezogen, und du bist in deinem Sein. Du lebst jeden Augenblick, deiner Allmacht gemäß entfaltest du deine Herrlichkeit. Jede Auflösung ist ein Schritt zu deinem tatsächlichen Wesenskern.

Das Transformieren deiner Erwartung ist wesentlich, um selbstbestimmt und frei zu sein. Bitte das unfehlbare göttliche Licht, dir zu leuchten, und du wirst wahre Wunder erleben.

Befreie dich von allen Zwängen und der Enge,
die dieses Gefühlsmuster mit sich bringt.
Die unendliche Weite und die uneingeschränkte
Freiheit werden dir zurückgegeben.

Dein Herz kennt alle Antworten.

Beginne zu fragen, um zurück in dein Herz und in dein Sein zu gelangen. Aus dieser ursprünglichen Schönheit heraus kreierst du dein Leben, um eine NEUE Realität zu erschaffen.

Dein Herz weiß alle Antworten.
Beginne, zu fragen.

# DIE HOFFNUNG UND DER GLAUBE

Die Hoffnung ist die Zuflucht für die Beladenen, Geknechteten und Bedrückten. Das Warten auf Erlösung, das zweite Gesicht der Trauer.

Durch die Hoffnung werden alle Illusionen aufrecht erhalten. So lange wir uns durch die Hoffnung „am Leben erhalten“, so lange bleiben auch die Illusionen aufrecht.

Hoffnung entsteht dort, wo Unwissen ist. Da, wo keine Einsicht und kein Erkennen sind, wächst die Hoffnung empor und verleiht dir die Kraft, zu leben. Um zu „überleben“ und um in dieser Realität zu bestehen, wendest du dich der Hoffnung und dem Glauben zu.

Wird deine Hoffnung „enttäuscht“, fällst du in Trauer. Damit du zu Recht kommst, entwickelst du einen „Glauben“. Dieser ist die stärkere „Dosis“, und dir gelingt es, irgendwie klarzukommen.

Hoffnung, Trauer und Glaube sind große Illusionen. Vor dir aufgebaut, um dich von dem Wissen fernzuhalten. Obwohl du meinst, gerade dadurch in die Kraft zu kommen, ereignet sich tatsächlich das Gegenteil: Du bist geschwächt und gelähmt.

Diese Hoffnung ist trügerisch, diese Trauer schmerzerfüllt, dieser Glaube blind.

„...die Hoffnung stirbt zuletzt", wird gesagt.

Und stirbt sie, bist du mit dem konfrontiert, was ist. Ohne Hoffnung stehst du da, hoffnungslos und entmutigt, den Tatsachen gegenüber.

Unerfüllte Hoffnung ist bitter, und dieser Schmerz sitzt tief. So „rettest" du dich in den Glauben, doch nach wie vor fehlt dir die Erkenntnis, dass es die Hoffnung und den Glauben nicht braucht, sobald du im Wissen bist.

Denn dieser Glaube ist blind und wird von der Egoebene hervorgebracht. Du erkennst es leicht daran, dass Menschen, die aus einer stark religiösen Anbindung heraus glauben, meist intolerant und leicht verletzbar sind. Ihr „Glaube" ist eng mit dem Ego verknüpft, und so gibt es stets etwas, was es zu beschützen gilt. Denn das Ego duldet keine Widerrede und ist sich selbst am nächsten. Alles Fremde wird abgelehnt.

Alle religiösen Konflikte auf der Erde resultieren daraus, dass der Glaube auf der eingrenzenden Ebene des Egos erfahren wird! Dadurch gibt es einen Mangel an Wissen und an Verstehen.

Es fehlt das Wissen, dass wir ALLE der EINEN Urquelle entspringen.

Und erst wenn du dich in diese Erfahrung bringst, öffnet sich die Tür zum wahren Gottvertrauen, und jeder Glaube löst sich auf. Damit auch jede Trennung – und Einheit ist möglich.

„...an den Früchten werdet ihr sie erkennen."

Jeder Glaube, der einen alleinigen Allmachtsanspruch erhebt, ist gefährlich und bringt Trennung und Leid hervor. Daher ist es entscheidend, sich davon zu lösen und in das Vertrauen, das Wissen und in die umfassende Wahrnehmung deines Seins zu gelangen.

Wahrer Glaube bedingt absolutes Vertrauen und Hingabe. Doch das ist nur dann möglich, wenn du verstehst und aus deinem umfassenden Wesen schöpfst.

Sobald du deine Dimensionen begreifst,
gelangst du in dieses Wissen.

Sobald du WEISST, bist du völlig entspannt. Deine Energien fließen frei und harmonisch. Du lebst in der Einheit mit dir und der dich umgebenden Welt. Durch diese Bewusstheit bist du energetisch geschützt, da dein Energiesystem abgeschlossen ist und somit keine irritierenden Gefühle mehr Einzug erhalten.

Dieses Verstehen macht dich friedfertig, und jeder Mensch wird dir zum Bruder, zur Schwester.
Der „Glaube" ist von dir gegangen, und wo es kein Ego mehr gibt, gibt es auch keinen Schmerz. Keine Verletzung findet mehr in deinen Energiekörpern statt, da es kein Resonanzfeld mehr gibt.

So erlöse dich vom Glauben, der durch dein Ego lebendig wird und sich wie ein großes Trugbild vor dir aufbaut.

Bringe dich in diese neue Freiheit und in diese allumfassende Energie des Verstehens. Du erlangst Wissen und uneingeschränktes Vertrauen.

Es ist die Geburt in dein Sein.

Erlöse dich von der Hoffnung, dem „Ersatz" für das Verstehen. Da die Hoffnung nur aus einem Teil deines Wesens hervortritt, kann sie niemals dein ganzes Sein erfüllen. Je weiter du in die Geheimnisse deiner Existenz gelangst, desto matter wird der Schimmer der Hoffnung, bis sie sich schließlich ganz auflöst. Bis du ganz in das Vertrauen gelangst. In dein Vertrauen, da du weißt, dass der Gabentisch für dich bereitet ist.

Die Hoffnung ist nicht vonnöten, wenn du bewusst aus deinem Fluss des Lebens heraus gestaltest. Die Hoffnung ist ein lähmendes und träges Energiemuster. Bist du im Fluss des Lebens, bist du auch lebendig, beweglich und bereit zu gestalten, zu entdecken, was dein Leben mit dir vor hat und, vor allem, wer du bist. Ein stark empfundenes Gefühl der Hoffnung hält dich von solcher „Aktivität" fern. Dieser dich lähmende Zustand bringt dich direkt in die Opferrolle, und du fühlst dich ausgeliefert, ohnmächtig und schwach. Genau hierin liegt ein großes Unverständnis. Du klammerst dich fest an der Hoffnung und fühlst dich ausgeliefert. Oft ist es das einzige Gefühl das dir bleibt, du leidest und gibst dich diesem Schmerz hin.

Doch jede Opferrolle entsteht aus der Unkenntnis, aus dem Unverständnis und aus Mangel an Einsicht.

Du weißt nicht, wer du bist, woher du kommst und was deine Aufgaben hier auf der Erde sind. Wie sinnerfüllt dein Sein ist, und dass jedes Gefühl der Ohnmacht dich träge macht und schwächt.

Das Erkennen deines Lebensplans führt dich direkt heraus aus diesen Mustern, aus diesen dich mutlos machenden Gefühlen. Es liegt eine große Freude und unendliche Erleichterung darin, langsam seinen Lebenskode zu entschlüsseln und zu erkennen. Und gerne wirst du die Hoffnung gehen lassen und dein Opfersein aufgeben.

Denn das Vertrautwerden mit deiner Kraft, mit der Schönheit deines Wesens, hebt dich automatisch heraus aus den trägen Gefühlsstrukturen. Je näher du deiner wahren Essenz kommst, desto mehr lösen sich alle diese dich schwächenden Muster von dir.

Alle Illusionen gehen, und du bist, der du bist!

So kann auch der Glaube ersetzt werden. Und an seine Stelle tritt das uneingeschränkte Vertrauen in die Allmacht Gottes, da du an diese Kraft wieder angebunden bist. Du bist ins Wissen gelangt, und diese neue Realität ändert auch diesen Zugang, zu den seit Jahrhunderten bestehenden Mustern von Hoffnung und Glauben, Opfer und Trauer.

Es braucht keine Hoffnung, wo Wissen ist.
Es braucht keinen Glauben, wo Vertrauen wächst.

Und die Trauer geht, da du aus einer freudigen Bewusstheit heraus schöpfst.

Aus der dich drückenden Opferhaltung ist ein aufrecht stehendes, bewusstes und eigenverantwortlich wirkendes Wesen geworden. Du bist in deiner allumfassenden Kraft und wieder angebunden an deine Urquelle des Seins. Die Hoffnung und der Glaube haben ihren Dienst getan. Nun können sie gehen.

Für eine lange Zeit waren diese wesentlichen Gefühlsausdrücke von „spiritueller Bereitschaft" den Menschen mitgegeben. Als Hilfe, um den Dienst auf der Erde zu bestehen, um durchzuhalten. Da es sehr schwer war, in seine umfassende Bewusstheit zu gelangen, wurden diese Illusionen zu einer wichtigen Stütze, um die Menschen am Weg zu halten. Nun aber ist es Zeit, auch diese Täuschungen ganz zu erkennen, zu durchschauen und zu erlösen.

Die Lichtflutung der Erde und deine Erlaubnis, das Licht in dein Wesen zu lassen, zeigen dir deine wahre Natur, und Erlösung kann sich ereignen.

Diese Zeit ermöglicht jedem Menschen, sich seiner wahren Herkunft bewusst zu werden und seine tatsächliche Abstammung zu erkennen.

Die Hoffnung und der Glaube sind Illusionen, die gehen dürfen, und sie tun es, wenn du es zulässt und erlaubst. So wertvoll und wesentlich sie waren, haben sie den Menschen dennoch davon abgehalten, den letzten Schritt zu wagen, endgültig und umfassend hinter sein Wesen zu schauen. Diese Zeit ermöglicht diese neue Erkenntnis, dass alles in, aus und mit dir geboren wird und dass alles schon da ist.

Dass jedes Wissen bereits existiert – in DIR.

Du stellst dich ins Wissen um die Dinge, wie sie sind, und du erlebst dich als göttlich. Angebunden, vereint und stets verknüpft mit deiner Heimat, deiner göttlichen Herkunft.

Es ist dieses Wissen, das dich den Umhang der Hoffnung und den Mantel des Glaubens abstreifen lässt.

Darunter verbirgt sich dein ganzes Sein. Dahinter erwächst dein vollständiges Wesen. Daraus entsteht deine neue Lebensrealität. Dadurch schöpfst du deine ganze Kraft, dein Licht und deine Liebe.

Du bist wissend und kannst vertrauen.

Du bist in der Liebe Gottes aufgehoben, und dein Herz schlägt im Rhythmus seines Atems.

Es gibt keine unbelichteten Winkel mehr in deinem derzeitigen Lebensausdruck, und du entfaltest dein vollständiges Potential. Du hast dieses großartige Geschenk aus der Einheit des Seins angenommen und erlebst deine Multidimensionalität im Hier und Jetzt. Auf der Ebene der Erde. Dadurch gelangst du in die vollkommene Wahrnehmung deines Seins.

Dieses wahre Verstehen hebt jede Trennung auf, und Frieden wird möglich.

Das Wissen hebt dich an, und du bist nicht mehr verletzbar. Es ist die Basis für eine geeinte Menschheit und Frieden auf Erden.

Es ist die Zeit der Zeiten!

Und für jeden steht alles bereit, was er braucht, um zu erkennen und zu erlösen. So folge dem Ruf deines Herzens und wende dich deiner Schönheit zu. Lass dein Licht erstrahlen und öffne dieses Geschenk aus der Einheit. Ein Geschenk, das dir deine immerwährende Seinsrealität zurückbringt und dich auf ewig mit deiner Heimat verbindet.

Erhebe dich bitte auch über diese „LETZTEN“ Begrenzungen. Erlöse auch diese „LETZTEN“ Illusionen. Bringe dich ins Wissen, und du wirst im bedingungslosen Vertrauen erwachen.

Dort gibt es weder Zweifel noch Sorge, weder Trauer noch Angst, weder Hoffnung noch Leid – nur die alles durchdringende Realität der Liebe, die alles durchwirkende Kraft des Lichts und die alles umfassendes Gegenwart deiner Göttlichkeit.
Du bist ER!

Von Anbeginn der Zeit.
Von Ewigkeit zur Ewigkeit.

Du bist heimgekehrt in dein Herz.

# DAS GEBET

Das Gebet ist die Kommunikation mit deiner Urquelle. Das bewusste in Verbindung Sein mit Gott.

Das Gebet ist formulierte Meditation.

Das Aussprechen deiner Bedürfnisse, deiner Ängste und das Erwarten von Antwort aus der Quelle, an die du deine Bitten richtest.

Doch genau hierin liegt ein großes Nichtwissen, eine seit langer Zeit eingelernte und ungefragt übernommene Gewohnheit. Ein Gebet, das ausschließlich nach deinen Bedürfnissen und Bitten ausgerichtet ist, ist nutzlos! Völlig wertlos und absolut falsch verstandene Hingabe.

Es ist absurd zu glauben, dass Bitten, die sich auf dein Ego-Bewusstsein beziehen, Resonanz im Sein finden. Auf dieser Ebene findet keine Resonanz statt. Diese Energieformen stoßen sich ab, und es kann kein Austausch stattfinden.

Daher stellt sich bei Menschen, die ein Leben lang im „Gebet" weilen und Bitte für Bitte an das Universum, an die Heiligen oder an Gott selbst richten, zwingend Frustration und Enttäuschung ein.

Diese Art von Gebet findet kein Feld von Liebe vor, da es aus der Energie von Egoismus getragen ist.

Es ist ein kosmisches Gesetz, dass das Ego und das Sein einander abstoßen.
Jedes Gebet auf der Ebene des Egos findet keinen Widerhall und verströmt im All. Kein Heiliger, kein Meister, können dir„deine Wüsche“ erfüllen, so sie aus deiner Ängstlichkeit geboren wurden, den Stempel deiner unerlösten Muster und Blockaden tragen. Daher ist das erste Gebet, das du sprechen sollst, folgendes:

> Geliebte Urquelle des Seins,
> befreie mich von allen Ängsten, Blockaden und von falschen Vorstellungen und lass mich stets wissen, was ich deinem Willen nach wissen soll.

Natürlich weiß die Urquelle des Seins genau Bescheid über deine Entfaltungspotentiale, und daher braucht es absolut keine Worte, um etwas zu bewirken.

# DAS GEBET ALS REINE ABSICHT

Wie nun richtig beten, wirst du fragen.

Zuerst schaffe dir ein geeignetes Umfeld.
Erzeuge eine Atmosphäre, in der du ungestört und alleine bist. Oft ist es gut, davor ein leichtes Essen einzunehmen, denn das Gebet ist auch ein energetischer Vorgang, und dein Körper braucht dafür die notwendige Kraft.

Sei dir darüber im Klaren, worum du „bittest“.
Ist es etwas, was aus deiner Ego-Realität kommt, oder ist es ein aus deinem Sein kommendes Anliegen? Trenne und prüfe genau. Danach formuliere laut oder leise (gedanklich) dein Bedürfnis.

Sei dir dieses Vorgangs völlig bewusst, denn ein reines und aus deinem Herzen vorgetragenes Gebet wird unmittelbar und ganz konkret behandelt. Die zuständigen geistigen Instanzen jenseits des Schleiers prüfen deine Absicht, sehen deine gesamte „Geschichte“, deine karmischen Zusammenhänge ein, und werden aus dieser Bewusstheit heraus alles tun, was im Einklang deiner Entwicklung und im Einklang mit der göttlichen Ordnung möglich und erlaubt ist.

Ein reines Gebet ist eine Absicht, herangetragen an Gott. Darum ist es so wichtig, deine Absicht zu prüfen. Dies ist die einzige Form von Gebet, die Worte erlaubt. Darüber hinaus ist Gebet – reines Schweigen! Gebet ist das Hinhören, das Lauschen in die Stille.

Um zu vernehmen, was Gott, deine Quelle, dir zu sagen und zu geben hat. Gebet in der Menge hält dich davon ab, still zu werden, von der Ruhe, die dringend notwendig ist, um SEINE Stimme wahrzunehmen. Das Gebet in der Gruppe hat eine andere Schwingung und ist dort angemessen, wo ein kollektives Energiefeld gestärkt werden soll. Versammeln sich viele Menschen zu einem klar ausgerichteten Anlass, kann unglaublich viel Energie freigesetzt werden.

Auch dabei ist es wichtig, ganz klar zu unterscheiden. Womit habe ich es zu tun, worum geht es bei dieser oder jener Versammlung? Sind es Bedürfnisse aus meinem Sein, mit denen ich in Resonanz treten will, oder sitze ich einem kollektiven Erwartungsmuster auf? Ist die Gruppenenergie klar auf das Sein ausgerichtet, oder ist jeder sein eigener Vortragender?
Auf welcher Ebene findet ein Gebetstreffen statt?

Dies gilt es zu klären, um nicht der kollektiven, manipulierten Angstrealität neue Energie zu geben. Jedes Gebet aus der Angst heraus ist ein verzweifelter Ruf um Hilfe, aber eben kein Gebet, denn Gebet kennt keine Angst.

Gebet ist das Verschmelzen und das Lauschen in die Ewigkeit... Das bewusste Freisetzen von Liebe.

Gelingt das in einer Gruppe von Menschen, ist es wunderbar und absolut angemessen.

Deine Unterscheidungskraft und dein Durchblick sind gefordert.

# ALS GEBETSMANTRA

Das ständige Wiederholen von Sätzen, das Rezitieren von Mantren hat eine unglaubliche Kraft. Aber auch hier ist deine Absicht entscheidend.

Prüfe genau, was du sagst und, vor allem, wie du es sagst! Welche Energie gibst du hinein? Gibst du Liebe, wirst du Liebe erhalten. Ist deine Motivation auf das Ego bezogen, wird sich dein Ego aufblasen und die Entfernung zu deiner Göttlichkeit vergrößern.

Sei dir bewusst, sobald du dir deiner reinen Absicht gegenwärtig bist, wirst du zu dem, was du dir ununterbrochen vorhersagst.

„Ich bin Licht und Liebe!"

Dieser Satz erzeugt in dir Transformationsenergie, und du wirst unweigerlich Licht und Liebe. Diese Verwandlung braucht Zeit, aber es ist ein kosmisches Gesetz. Du wirst, was du denkst, und umso mehr wirst du das, was du sagst. Sei dir dieser Kraft und Macht bewusst.

Das stereotype, unreflektierte und automatische Wiederholen von vorgegebenen Gebeten jedoch ist wertlos und hat nur den Zweck, ein altes, noch nicht hinterfragtes Muster zu erfüllen.

So sind auch Gebete, die dich in eine „gute" Position nach deinem körperlichen Ableben bringen sollen, sinnlos.

Der Himmel und das Reich Gottes sind in dir.

Du kannst dir den Himmel nicht erkaufen, erbitten oder durch von Menschen erzeugte Auflagen verdienen. Das alleinige Bewegen deiner Lippen führt zu nichts. Es ist, was es ist: ein Lippenbekenntnis und nicht mehr.

Der Himmel, das Reich Gottes, ist bereits in dir.

Dieses gilt es zu entdecken und in deine Schönheit hineinzufinden. Der Himmel, der dir von allen möglichen religiösen Institutionen versprochen wird, existiert nicht, wenn du nicht bereit bist,
deine Verblendungen loszulassen.

Nach deinem körperlichen Tod erwartet dich genau die Realität, die du verlassen hast. Auf der feinstofflichen Ebene findet dein Lebensausdruck seine Fortsetzung. Du findest dich in deiner Egoenergie wieder, so du davon geprägt warst, du erlangst dein lichtvolles Antlitz zurück, so du auf der Erde schon in Licht und Liebe getaucht warst.

Den Himmel, der dir vielerorts versprochen wird, gibt es nicht! Und schon gar nicht kannst du in die allmächtige Schönheit der Liebe und des Lichts eingehen, wenn du voller falscher Vorstellungen und Muster bist.

Verhaltensschablonen, die aus dem kollektiven Bewusstsein der Menschen genährt werden und durch die Institutionen dahinter eine so machtvolle und dominante „Realität“ vortäuschen.

Doch diese Zeit ist nun vorbei. Jede Täuschung fällt ab von den Menschen. Die Lichtdurchflutung der Erde bewirkt das.

Auch das Gebet wird wieder seine wahre Bedeutung und Kraft zurück erhalten. Die Menschen finden in ihr Sein, und auf diesem Weg wird auch das Gebet einer genauen Prüfung unterzogen.

Alles, was aus versteckten Angstmustern und klein wie destruktiv haltenden Energien hervorgeht, wird aufgelöst, und wahres Gebet wird möglich.

# WAHRES BETEN

Wahres Beten ist absolute Stille und Einheit
mit dem Sein.

Bist du darin geübt, kannst du mitten in der Welt leben, am Marktplatz stehen, und stets wirst du in deiner Stille und in dieser Verbundenheit mit der göttlichen Urquelle des Seins sein.

Wahres Gebet kennt keine Zeit, keinen Ort, keine Kirche, keine Moschee, keinen Tempel, keinen Berg und keine Höhle. Wahres Gebet IST!
Immer, ständig und unaufhörlich.

Du wirst zum Gebet. Du bist Gebet.

Sobald du in dieser ständigen Anbindung an Gott lebst, bist du im ununterbrochenem Austausch mit deiner Urquelle. Du bist kein Betender, sondern – du bist das Gebet.

Zu wem sollst du beten, wo du doch deine Göttlichkeit jeden Augenblick feierst? Das Getrennt-Sein ist aufgehoben. In dieser Einheit bist du Gebet und Betender, alles und nichts. Keine Trennung mehr, jede Illusion ist dir genommen. Du bist Meditation, Gebet und Mantra. Du hörst hin, und deine ganze Aufmerksamkeit ist deiner spirituellen Heimat zugewendet. Diese Absolutheit, diese vollkommene Hinwendung, diese Bedingungslosigkeit ist - wahres Gebet.

Das Erleben der Einheit und das Aufheben jeder Trennung.

Der Himmel ist somit in dir, und überall, wo du wandelst, ist Himmel. Kein ferner Ort, den ich mir durch „Wohlverhalten" verdienen kann. Nein, er ist HIER und JETZT.

Und ist er nicht jetzt in dir, so wird er auch danach nicht da sein, da du keine Realität dafür erzeugt hast. Du bist nicht in Resonanz getreten zu deinem Liebesselbst, und somit erhältst du weitere Gelegenheiten, um dich darin zu üben, deine Göttlichkeit zu erkennen.

Du verweilst einige Zeit auf einer feinstofflichen Ebene, um Klarheit über dein weiteres Wachsen zu erhalten und eventuelle Versäumnisse zu erkennen. Kurz wird der Schleier der Unkenntnis von dir genommen, und dann findest du dich wieder in einer Realität wie dieser, der Erde, bis du gelernt hast, dich hier und jetzt als liebend und göttlichen Ausdruck zu erfahren. Denn jeder und alles braucht seine Reife und Zeit, um aufzulösen und zu erkennen. Den Himmel, der dir hier von Menschen und Religionshütern gerne und leichtfertig versprochen wird, gibt es nicht!

Ja, gewiss, es gibt Orte von unendlicher und nicht zu übertreffender Schönheit im Universum.

Orte aus reinem Licht, manifestierte, alles umfassende Liebe. Schöner als deine ausgeprägtesten Phantasien. Es sind „Orte" ganz nah an der Quelle, nah deiner Heimat. Insofern gibt es den Himmel.

Aber du gelangst erst dorthin, wenn du dafür die Voraussetzungen geschaffen hast, dein Wesen in diese Schwingung von Licht und Liebe anzuheben. Alle Möglichkeiten wahrzunehmen, die dir auf der Erde geboten werden, um diesen deinem ursprünglichen Ausdruck so nahe wie nur möglich zu kommen. Ein monotones und gedankenloses Wieder-holen von Worten ist dabei nicht hilfreich.

Kläre dein Energiefeld, unterscheide und beginne, wahrhaft zu beten. Werde zum Gebet, werde der, der du bist. Löse alle Gegensätze auf, lass los und erlebe dich in der Einheit der Schöpfung.

Erlebe dich als Gottes Atem,
als sein einmaliger Ausdruck.

Und je öfter du in dieses Gewahrsein gelangst, je häufiger sich deine Gedanken, Worte und Taten in dieser Realität widerspiegeln, desto näher kommst du in den Zustand des Gebets. Des ständigen Lauschens, der ständigen Aufmerksamkeit deinem Geliebten gegenüber.

Diese Liebesbeziehung ist vollkommen, da es keine Enttäuschung gibt. Diese Vereinigung ist absolut erfüllend, da sich kein Mangel einstellt. So wie du als Verliebter deinem Partner deine ganze Aufmerksamkeit widmest, schenkst du als spirituell Erwachter deine uneingeschränkte Hinwendung deiner Urquelle des Seins. Das ist wahres Gebet,
Hingabe und Liebe.

Das ungeteilte Lauschen in die Ewigkeit.

So bete und nähere dich, deine reine Absicht wird dich leiten, und Gottes Gnade wird deinen Weg erleuchten.

Das Licht seiner Liebe wird deine alten, nicht mehr notwendigen Gebetsmuster transformieren, bis du aufhörst zu beten, da du zum Gebet geworden bist. Bis du dich wieder als mit allem verbunden erlebst und dich ganz von der Liebe des Vaters, der Mutter, deiner Urquelle des Seins, absorbieren lässt.

Sei gesegnet, du bist über alle Maßen geliebt.
Amen.

# DER EHRGEIZ

Ehrgeiz und Gier sind nahe Verwandte.
Energetisch haben sie eine identische Struktur.

Deine Energien sind gebunden, gestaut und blockiert. Was im freien Fluss sein sollte, ist verdichtet und erzeugt Unwohlsein und Zwang. Ehrgeiz macht starken Druck und hat große Auswirkungen auf dein psychisches Befinden.

Ehrgeiz ist zurückgehaltene Fülle. Du erlebst Mangel und dieses Gefühl des Ehrgeiz soll dir aus diesem Muster helfen.

Ehr-Geiz spiegelt immer einen starken Mangel an Fülle. Du geizt mit deiner freien Energie, du gibst nicht, da alles auf das Sichern, Erreichen und Bewahren dieses Musters ausgerichtet ist. Dieses Gefühl verursacht in deinem Energiekörper eine Erstarrung. Auch körperlich ist dir dieses meist anzusehen.
Du wirkst verbissen, und deine Gesichtszüge sind verkrampft.

Die Leichtigkeit, das Sich Wohlfühlen in dir und mit deinem Leben so, wie es ist, ist in weite Ferne gerückt.

Der Ehrgeiz hat dich im Griff, du unterliegst dieser Illusion von Fülle, da dir das ausschließlich auf ein Ziel orientierte Verhalten dieses suggeriert.

Zielstrebigkeit, Konsequenz, Härte und permanent neue Herausforderungen sind in euerer Gesellschaft wesentliche Eigenschaften und genießen einen bedeutenden Rang. Jedoch sind es genau diese Eigenschaften, die ein Gelassen-Sein, ein in Ruhe und Frieden-Sein, ein Akzeptieren des Lebens, wie es ist, verhindern!

Ehrgeiz erzeugt ständig Unruhe und Unzufriedenheit. Du verbohrst dich immer in neue Themen und versäumst dabei das Leben. Die Schönheit des Augenblicks, die Würde und Erhabenheit deines Wesens.

Ehrgeiz täuscht vor, dein Bedürfnis an Fülle zu befriedigen. Deine Ängste und die Ursachen, die tatsächlich für deine mangelnde Fähigkeit, in Fülle zu sein, verantwortlich sind, bleiben unentdeckt, unberührt, und das beengende Gefühl von Ehrgeiz bleibt.

Du bist konsequent bei allen Dingen, die du angehst, du bist hart zu dir und zu anderen, du steckst dir ein Ziel und mit aller Gewalt (!) arbeitest du daran, dieses auch zu erreichen. Deine komplette Lebenssituation wird danach ausgerichtet und diesem Diktat unterworfen. Du verbeißt dich förmlich darin und strebst dieser Erfüllung zu. Nur eines hast du dabei übersehen: Wo bleibt die Freude?

Freude erlebst du nur als unmittelbaren Ausdruck, wenn du ein Ziel erreicht hast. Schnell verdampft sie, denn schließlich gibt es ja noch so vieles, was du unbedingt erleben und erreichen willst und wofür du dir einen weiteren festen Vorsatz kreierst.

Wieder kommst du nicht zur Ruhe, und der Zustand der Stille wird dir fremd. Es kann sogar geschehen, dass du beginnst, die Stille als bedrohlich zu empfinden.

Deine zwischenmenschlichen Kontakte sind meist oberflächlich, denn alles hast du einem neuen Ziel untergeordnet. Jede zwischenmenschliche Kommunikation braucht, um als Bereicherung erfahren zu werden, deine volle Aufmerksamkeit und auch deine Zeit. Um in einen wahren, tiefen und erfüllende Austausch zu gelangen, bedarf es deiner Entspanntheit, deiner Bewusstheit und deiner Liebe.

Diese Gelassenheit deines Herzens ist dir aber nicht zueigen, wenn du dich gerade damit beschäftigst, ein neues „Ziel“ zu erreichen.

Aber man muss doch Ziele haben, wirst du vielleicht einwenden, denn ansonsten ist einem ja alles gleich?! Diese Frage wird aus deinem Egobewusstsein geboren und dient dazu, nicht dahinter zu schauen, um nicht zu erkennen, was diesem ständigen Unrast und Streben zugrunde liegt.

Du hast einen starken Mangel, eine starke Minderwertigkeit in dir, und dies erzeugt diese dauerhaften Ausdrücke, deine anhaltende Unruhe und Unrast. Dahinter zu gelangen, was es ist, das dich immer neue „Erfolgsmuster“ kreieren lässt, ist wesentlich und bringt dir deine tatsächliche Fülle zurück.

Wer sagt dir denn, dass man Ziele haben muss? Wer? Hast du das schon beobachtet und hinterfragt?

Sind es vielleicht die Kräfte, die dich in „Dauerbeschäftigung" und im bleibenden Mangel halten wollen? Energien, die aus dir einen Gefangenen, einen Sklaven machen?! Und wozu?

Nur damit du nicht zur Ruhe kommst! Denn Ruhe bedeutet nachzudenken, zu beobachten und mit deinem innersten Gefühl zu kommunizieren. Von dort heraus erhältst du deine Antworten. Über dein Sein, deine tatsächlichen Aufgaben, und über dein umfassendes Wesen. Durch diese Stille beginnst du zu durchschauen, und das ständige Setzen von neuen Zielen wird dir nutzlos, wertlos und völlig wesensfremd vorkommen.

Dir Ziele zu setzen bedeutet, aus deinem Intellekt, aus deinem Ego heraus zu handeln! Kein Seins-Zustand setzt sich Ziele. Da alles so ist, wie es ist, und jeder Moment wichtig ist und deine ungeteilte Aufmerksamkeit braucht, haben „Zielsetzungen" in dieser Bewusstheit keine Berechtigung. Lausche in dein Herz, niemals wirst du die Stimme vernehmen:

„Du musst bis 1. Januar erleuchtet sein, also streng dich an!" Alles, was dir Druck macht, wird immer aus dem Ego geboren.

Alles, was dich befreit und bleibende Freude und Frieden hervorbringt, ist aus deinem Herzen geboren. Ja, und es ist absolut notwendig, dass dir alles gleichgültig erscheint. Nicht egal(!), sondern:

GLEICHbedeutend, GLEICHwertig und GLEICHgültig.

Dabei sind deine Beobachtung und dein klarer Geist gefordert. Das Leben und Erleben des Augenblicks ist entscheidend. Denn das stete Ausgerichtetsein auf das Ziel lässt alle Augenblicke ungeschehen und unerlebt an dir vorbeigleiten.

Ein starkes Minderwertigkeitsgefühl bedingt deinen Ehrgeiz. Es entstehen Ängste und der Mangel an Fülle. Und indem du beginnst, alles um dich herum auszublenden, was deinem Ziel nicht dienlich ist, ähnelt dieses Muster der Gier.

Was braucht es also, um auszusteigen aus diesem Muster? Zunächst eine „Fülle" an Frustration.

Sobald du nämlich ein Ziel erreicht hast, stellt sich für kurze Zeit so etwas wie Zufriedenheit und Freude ein. Du bist rundherum glücklich und fröhlich. Dieses Gefühl hält jedoch nur kurz an, und schon bist du wieder unterwegs zu neuen Herausforderungen. Wiederholt sich dieses Muster oft genug, beginnst du zu fragen:

Warum befriedigt mich das nicht dauerhaft, und woher kommt diese Leere, nachdem die Freude gegangen ist? Wo seid ihr, dauerhaftes Glück, dauerhafte Freude, ewige Liebe? Wo? Ich habe den höchsten Berg erklommen, bin in tiefste Wasser getaucht, aber du bist nicht geblieben.

Wie ein Liebhaber, der dir alles verspricht nach der ersten Nacht, aber das Weite sucht, so verschwindet auch das Gefühl der Zufriedenheit und der Freude, der Gelassenheit und Einheit.

Ständige Frustration, das ständige Erwachen mit der Erkenntnis, dass dein Geliebter spurlos von dir gegangen ist, lässt dich die notwendigen Fragen stellen. Du beginnst, deinen Blick, deine Aufmerksamkeit zu verlagern. Nach Innen. Du durchsuchst deine innere Welt, um Ausschau zu halten nach der bleibenden, unaufdringlichen und stets präsenten Liebe. Du tust das einzig Richtige! Du suchst nach der Lösung in dir.

Dein Schmerz hat dich an diese Ebene des Erkennens herangeführt, und von nun an beginnst du, deine Gefühlsstrukturen, deine Zwänge, Muster, Gewohnheiten und Ursachen deiner Handlungen zu hinterfragen, und du lernst, sie zu durchschauen. Dein Ehrgeiz wird enttarnt.

Dein Mangel, der dieses Gefühl genährt hat, wird erkannt und ins Licht gebracht. Aufgelöst und aus deinem Energiekörper entlassen. Nun fließen deine Energien wieder frei und harmonisch.

> Durch die Kraft deines Seins erlebst du dich eingebettet in der allumfassenden Fülle.

Ein ängstliches Zurückhalten und Verkrampfen deiner Energien ist nicht mehr notwendig. Da du keinen Mangel mehr empfindest, gibt es auch nichts, was du erreichen willst. Du genießt das Sein in jedem Augenblick.

Du bist im Vertrauen Gottes, und du weißt, dass alle Erkenntnispotentiale an dich herangeführt werden.

Dein klarer Blick und deine ungeteilte Aufmerksamkeit, deine nun erworbene Gabe der Unterscheidung und deine Fähigkeit, die richtigen Zusammenhänge zu erkennen, heben dich heraus aus der Welt der Scheinerfüllungen.

Dein Gesicht gewinnt seine Sanftheit zurück, und diese Veränderung nehmen auch deine Mitmenschen wahr. Jede Härte ist von dir gegangen, und die erfüllende Freude deines Herzens wird durch deinen Sanftmut gespiegelt. Du bist im Einklang mit dir, und auch dein Körper bringt dieses zum Ausdruck. Deine Bewegungen werden runder, geschmeidiger und harmonischer.

Das noch weit verbreitete Gefühlsmuster von Ehrgeiz, Zielsetzung und Erfolg ist von dir gegangen, und die ständige Freude und uneingeschränkte Fülle wurden dir gegeben.

Du wachst auf, und zum ersten Mal liegt dein Geliebter neben dir, in all seiner Schönheit.
Es war kein leeres Versprechen, dass sich Fülle einstellt, sobald du aus deinem Sein heraus lebst und sobald du hinderliche Gedanken, Muster und Blockaden erlöst hast.

Deine Liebe bleibt, und das ist keine Illusion.
Das ist die einzig wahre und immer gültige Realität.

Sobald du deine Ängste erlöst hast und in dein tatsächliches Sein gelangst, erntest du Freude, Frieden und Liebe - auf ewig. Sobald alle Täuschungen von dir abfallen, erkennst du deine wahre Natur und Schönheit.

Keine noch so gut inszenierte Täuschung kann dir diese Erfüllung bringen, der du nun gegenwärtig bist. Das Begreifen deines Lebens aus deinem Sein heraus macht diese Bewusstheit möglich.

Daher ist es so wichtig, mit den „Räumungsarbeiten" zu beginnen. Hinzuleuchten und zu erkennen, um aufzulösen. Um klar und präsent zu sein. Aufmerksam und gegenwärtig. Sanftmütig und liebevoll.

Alle Täuschungen und Illusionen MÜSSEN von dir genommen werden, damit du in voller Kraft deine Essenz manifestieren kannst. Und jede neue Auflösung, bringt dich deiner Natur näher, bis du entgültig eingehst in die vollkommende Schönheit deines Seins.

In die Realität deiner grenzenlosen Fülle.

# DIE SORGE

Sorge ist der kleine Bruder,
die kleine Schwester der Angst.

In Sorge sein ist ein Widerspruch, denn es gibt kein Sein, wenn du in Sorge bist. Wenn dich dieses Gefühl besetzt und ängstlich in Beschlag genommen hat. Die Sorge ist die Vorstufe zur Angst.

Oft und irrtümlich wird Sorge mit Verantwortung in Verbindung gestellt. Das ist aber von Grund auf falsch. Verantwortung und Sorge schließen einander aus. Sie stoßen sich ab, da sie unterschiedlicher Beschaffenheit sind.

Verantwortung bedeutet, auf einem für mich überschaubaren Gebiet und Kraft meiner Bewusstheit Entscheidungen für mich sowie für die Gemeinschaft zu treffen. Die Sorge hat keinen Überblick! Ihr fehlt der übergeordnete Zusammenhang. Sorge ist Ohnmacht und Ängstlichkeit, ist schwach und schwächt, drückt und bedrückt.

Wenn du in Sorge bist, gehst du meistens gebückt. Dein Körper zeigt an: Ich bin in Sorge. Da du nicht weißt, was zu erwarten ist oder was eine Situation mit sich bringt, flüchtest du ins Gefühlsmuster der Sorge. Nach außen hin vermittelst du den Eindruck, verantwortungsvoll zu sein, da du dich sorgst.

Tatsächlich aber bist du verantwortungslos.

Los jeder Antwort. Du kannst nichts verantworten. Die Sorge nährt die Illusion, dass du Verantwortung trägst, dass du dir deiner „Last“ bewusst bist. Diese Last ist dir körpersprachlich anzumerken. Jeder sieht es dir an. Du bist in Sorge, aber fern von Verantwortung.

Zusätzlich nährt die Sorge auch die Illusion, du seiest liebend, da du dich um etwas oder um einen Mitmenschen sorgst. Tatsächlich aber bezieht sich deine Sorge auf dein Nichtwissen, auf deine eigene Unsicherheit.

Sorge täuscht Verantwortung vor. Sie ist ein „Ersatz“, um dich nicht mit den tatsächlichen Gegebenheiten, Zusammenhängen und Realitäten auseinander zusetzen. Dieser Ersatz wirkt sehr lähmend. Auch hat die Sorge die Art, sich edel und fein zu geben. Sich zu schmücken, damit du eintauchst in diese „Erhabenheit“ des Scheins.

Sobald du erkennst, dass für alles gesorgt ist, fällt JEDE Sorge von dir ab! Dieses Wissen bringt dich in eine neue Wahrnehmungsebene.

Sorge kann dort wachsen, wo ein Mangel an Antworten besteht. Ein Mangel an Bewusstheit, ein Mangel an Verantwortung. Jede auch noch so geringe Sorge hemmt dich in deinem Wirken. Du bist blockiert, und in deinem Energiekörper staut sich Energie, die frei fließen sollte.

Sorge entsteht aus Nicht-Wissen. Wenn du weißt, dass dir oder einem geliebten Mitmenschen nichts geschehen kann, dann sorgst du dich nicht. Das Nichtwissen erzeugt Sorge. Es könnte ja dieses oder jenes geschehen, wenn ich oder er sie, dieses oder jenes tun.
So entsteht Angst. Sorge – Ängste – Angst.

Bringe dich ins Wissen um die Dinge, wie sie tatsächlich sind, und erlöse deine Sorgen, damit Ängste gar nicht erst entstehen. Vielleicht hast du schon viel an dir gearbeitet, viele Muster erlöst, nur die Sorgen stehen noch da und warten auf dein Loslassen.
Sorge dich nicht – lass einfach los!

## LOSLASSEN

Diese feine und wichtige Lichtarbeit verhindert jede Anhaftung an niedrig schwingende Energiemuster. Dort, wo die Sorge nicht aufkommen kann, hat Angst keine Chance.

Der Weg zu dir in dein Herz ist ein ständiges Loslassen von alten, aber oft noch sehr prägenden Mustern.

Das Gesicht der Sorge hat keinen Glanz. Sobald das Licht dorthin leuchtet, löst sich die Sorge auf. Durch das Auflösen von Sorge beugst du vor, damit destruktive und Angst machende Energien von dir fern bleiben.

Das Hinschauen und Hineinleuchten auf deine „kleinen“ Sorgen lässt „große“ Ängste und Blockaden gar nicht erst entstehen.

Ohne Sorgen hast du auch keine Angst, und Manipulationen, welcher Art auch immer, finden bei dir keinen fruchtbaren Boden.

Das Beobachten, Erkennen und Erlösen von diesem Gefühlsausdruck, der tief verborgen in deinem emotionalen oder mentalen Körper sitzt, ist feinste Arbeit.

Beobachtest du aufmerksam deine Gedanken und Gefühle, kannst du Sorgen gut aufspüren. Daher ist es wichtig, dass du dir Zeit nimmst. Diese Selbstbeobachtung bedarf deiner ungeteilten Aufmerksamkeit. Das Ruhigwerden und die Stille ermöglichen es dir, den Blick nach innen zu richten, zu beobachten, zu erkennen und zu erlösen.

Nimm dir täglich Zeit, um mit DIR zu sein.

Um DICH mit deinem Selbst zu verbinden. Das Licht erhellt deinen Weg, DEIN inneres Wesen. Es sind die täglichen kleinen Schritte, die schließlich große Erkenntnis gebären.

Das stückweise Auflösen von Sorge bringt dir dein Vertrauen in den Fluss des Lebens wieder. Du fühlst, wie du eingebettet bist in der Schöpfung. Frei von Sorge, da du um die wahre Natur der Dinge Bescheid weißt.

So übe dich darin zuerst: in deine Stille zu gelangen. Tägliche Meditation und das Wirken des göttlichen Lichts heben dich an in deiner Wahrnehmung, und du findest zurück in deine Klarheit. Du erkennst, was in dir auf Erlösung wartet, wo und weshalb.

Und sobald du das Licht einlässt, wirst du nachhaltig und vollständig von jeder Sorge befreit. Die Sorge ist kein Schmuck, und ihr Gesicht hat keinen Glanz.

Die Sorge ist weit verbreitet unter den Menschen, und durch diese Angstenergie wird der Mensch manipulierbar gehalten. Sich Sorgen machen ist doch nur „menschlich" und ein „gutes" Zeichen von Menschlichkeit. Dieser Eindruck wird euch vermittelt, damit ihr euren Blick geknickt und angstvoll in die Zukunft richtet. Damit ihr nicht emporschaut und euch erhebt. Damit ihr beeinflussbar, abhängig und manipulierbar bleibt.

Für jene Mächte, deren Interessen darin bestehen, die Erde weiter zu knechten und zu schänden, ist ein selbstbewusster und angstfreier Mensch die größte Gefahr. Ihre „Macht" löst sich augenblicklich auf, wenn dich kein Ereignis mehr in die Sorge oder die Angst bringt. Du gehst nicht mehr in Resonanz zu Angst machenden Nachrichten aus dem Äther.

Dein emotionaler Teil deines Wesens reagiert nicht mehr darauf, und in deinen Gedanken entstehen keine „Endlosschleifen" von sich immer wiederholenden Angst- und Sorgebildern. Obwohl du negative und oft erschreckende Informationen durch Zeitungen oder das Fernsehen erhältst, trittst du nicht mehr in Resonanz. Das heißt, du lässt diese Energie nicht in deine Energiekörper.

Du kannst nicht geschwächt werden, und allein dadurch bringst du eine völlig neue Energie ins kollektive Bewusstsein.

Deine Energie ist wie Nahrung.

Entziehst du dich den negativen Energien, die dich schädigen, gibst du diesen keine Nahrung mehr, und sie verhungern, verschwinden.

Je mehr Menschen ihre Energien nicht unwissend und selbstschädigend binden, desto eher wird die Erde, und mit ihr die Menschen, gesunden. Der kollektive Ausstieg aus allen schwächenden, Angst machenden wie zerstörerischen Energien ist dringend notwendig und steht bevor.

Sämtliche Gesellschaftsstrukturen sind aufgebaut auf das Gefühl der Sorge, der Angst und des Mangels. Erkennst du das, agierst du aus einem erwachten Bewusstsein heraus und bist frei. Dadurch hast du für dich eine neue Realität geschaffen, und das wirkt sich aus!

Deine Umwelt, deine Mitmenschen, nehmen das wahr. Jeder auf einer für ihn geeigneten Ebene. Es ist dir anzusehen, dass dein „Betriebssystem“ erwacht ist, und dieser Kraft kann sich niemand entziehen.

Denn der Duft der Freiheit lockt sie an, die Menschen, wie süßer Nektar von Blumen, der die Bienen zu den Blüten führt. Bist du ohne Sorge, bist du leicht, frei und fröhlich. Beweglich und in Frieden.

Jetzt erst kannst du deine wahre Verantwortung wahrnehmen. Für dich, für Mitmenschen und für die Welt. Dort wo du klar und im Licht bist, erkennst du auch die Zusammenhänge.

Deine Entscheidungen haben eine neue Qualität, und wahre Verantwortung ist jetzt möglich. Du kennst die Antworten!

So sorge dich nicht und befreie dich davon.

Werde zum Leuchtturm, damit deine Freiheit, dein Licht und deine Liebe, den Menschen ihre eigenen Möglichkeiten ins Bewusstsein bringen.

Alles Leben ist miteinander verbunden, und jede aufgelöste, noch so kleine Sorge bringt Erleichterung und Befreiung in das Kollektivbewusstsein der Menschheit. Das Herausnehmen deiner Energien aus diesem „Energiepaket" der kollektiven Sorge bringt dich in deine Kraft und vermindert gleichzeitig das Gewicht des gesamten Energiepotentials von Sorge. Sobald du der Sorge keine Nahrung mehr gibst, löst sie sich auf. Das geschieht auch auf globaler Ebene.

Je mehr Menschen sich aus dem „Spiel" der Angst machenden Energiestrukturen herausnehmen,
desto weniger Macht wird von diesen ausgehen,
bis sie schließlich völlig in sich zusammenfallen
und verschwinden.

Es ist alles miteinander verbunden. Und alles, was du in dir erlöst, erlöst du auch für die Welt.

So finde hinein in deine Seele, in dein Herz,
und lass das Licht leuchten.

Richte dich auf!

Den Blick zum Himmel und mit den Füßen fest verankert auf der Erde. Eingebettet in den Fluss des Lebens, verankert in deiner Mitte.

Du bist FREI.

Die Sorge ist von dir gegangen. Dein Licht wird sichtbar, und deine Liebe beginnt sich zu verschenken.
Du bist im Fluss des Lebens, und du weißt,
es ist für ALLES gesorgt.

Gib alle Sorgen deinem Vater, deiner Mutter,
der allumfassenden Kraft und Wirklichkeit.

Erhebe dich von dieser Täuschung und erlange die Kraft des Vertrauens, die Qualität der Zuversicht und die Sicherheit der göttlichen Allmacht wieder.

So lass sie los, deine Sorgen, und nimm dafür das ewige Vertrauen in Empfang. Lass los und gehe ein in den Urzustand deines Seins. In das bedingungslose Vertrauen und in Gottes allumfassende Gnade.

# DAS STERBEN UND DER TOD

Das Sterben ist die Geburt ins Sein.
In deinen ewigen Geist. Der Tod ist eine Illusion!

Man will nicht sterben, wenn man glaubt, dass man tatsächlich stirbt. Wenn du glaubst, dass ein „Auslöschen" deiner Existenz die Folge ist, dann kannst du nicht loslassen und dich dieser Verwandlung hingeben. Auch ist es die Angst vor dem Ungewissen, vor dem, was kommt, die dich daran hindert, diesen Vorgang in Ruhe und im Wissen um die Dinge, wie sie sind, geschehen zu lassen.

## LOSLASSEN

Sobald du weißt, dass du weiterlebst, gibt es keine Angst, und das Sterben ist eine Geburt. Der Übergang in eine neue Seinsform. Mit Freude! Erlangt durch dein Verstehen und Begreifen der Zusammenhänge, um deine wahre Natur.

Sterben ist wie einschlafen. Hast du Angst davor? Wohl kaum; da dir dieser Vorgang vertraut ist, gibst du dich gerne der Müdigkeit hin. Um aufzuwachen in der Traumebene. Das Sterben ist das „letzte Einschlafen" deines Körpers, um aufzuwachen auf der Ebene des Geistes. Deines Geistes. Deines ewigen Geistes.

Das Ablegen des Körpers ist eine Befreiung, und der Vorgang des Sterbens ist die Wandlung.

Wie die der Raupe zum Schmetterling. Sich herausschälen aus der Begrenzung dieser Erfahrungsrealität, um aufzusteigen in die ewige Freiheit des Geistes. Was du zurücklässt, ist dein Ego.

Hast du dich zu sehr damit identifiziert, kannst du nicht loslassen. Je stärker deine Bindung an dein Ego ist, desto schwerer gelangst du in die ruhige Gelassenheit, die diesen Vorgang zu dem macht, was er ist: ein Ereignis der Freude, da du wieder in deine umfassende Bewusstheit gelangst.

Der Tod erzeugt die Furcht dort, wo in Furcht gelebt wird. Findest du in deine Freude, wird auch diese deine „letzte“ Verwandlung in Erhabenheit und im Licht geschehen.

Je näher du in deine geistige Abstammung, deine spirituelle Essenz gelangst, desto vollkommener und lichter wird dieser Austritt aus deinem Körper sein.

Das Hinübergleiten in deine Seinsdimension ist ein Festtag! Durch das Auflösen und Erlösen von Mustern, die dich von deiner Wahrnehmung abhalten, gelangst du in deine umfassende Selbst-Wahrnehmung. Und das „Sterben“ ereignet sich auf der Ebene des Selbst.

Es gibt nichts was du nicht entbehren kannst oder wovon du dich nicht trennen willst. Du lässt los und gelangst in die Realität deines ewigen Geistes. Der Ausdruck der festen Körperlichkeit wird von dir genommen. Du bist Geist und Sein.

Du bist der, der du immer schon warst.

Mit dem Sterben sind so viele Ängste und Unsicherheiten verbunden, dass es unerlässlich ist, darüber Klarheit zu erlangen. Diese erhältst du, sobald du zulässt, dass du mehr bist als Körper, und dass hinter den Vorstellungen, Blockaden und Ängsten deine wahre Natur darauf wartet, erlöst zu werden.

Dem „Sterben" die Angst zu nehmen, damit die Menschen ins Leben gelangen, denn das Leben ist ewig. Von Anbeginn der Zeit, von Ewigkeit zur Ewigkeit. Der Tod ist eine Täuschung!

Dieses zu durchschauen, bringt dir das Leben.

Deine wahre Dimension begreifen, um deinen Sinn, deine Aufgaben und deine Entwicklungsmöglichkeiten hervorzubringen.

Der Tod ist Leben – in einer anderen Form. Und das Sterben ist das Geborenwerden in dieses andere Sein. In dein Sein. In dein umfassendes, multidimensionales und allumfassendes Bewusstsein.

Du legst ALLE Begrenzungen ab.

Entwickelst du dein Bewusstsein in dieser Lebensrealität dahin, dass du nicht nur aus „Fleisch und Blut" bestehst, gewinnst du einen vertrauten Zugang zu deiner Vielfältigkeit. Du kennst die Zuordnungen und die Zusammenhänge.

Du hast einen Körper, bist aber nicht der Körper.

Sobald dein Geist das erfasst hat, entweicht die Anspannung – um den Tod und um das Sterben.

Der Tod ist eine Illusion! Alles Leben ist ewig!

Darum ist es so notwendig, dass du dich für das Licht öffnest. Um in dein Herz zu gelangen. Von dort aus triffst du die richtigen Zuordnungen. In deinem Herzen sind ALLE Antworten.

Dein Herz weiß Bescheid um das Sterben und den Tod. Dein Herz kennt die Funktionsweise des Universums. Gelangst du in dein Herz, so gelangst du ins Wissen.

Diese Erfahrung gibt dir Gewissheit, dass du Geist bist und dass dein Körper der Tempel ist, in dem dein Geist wohnt, so lange du hier weilst. Pflege deinen Tempel, sei aber bereit, ihn aufzugeben, wenn deine Stunde kommt.

Sei bereit, zurückzukehren an deinen Ursprung.
Sei bereit, loszulassen, wenn dich der Vater ruft.

Nichts stirbt, denn alles verändert sich unaufhörlich. Nichts geht verloren oder „stirbt“. Du bist Licht. Auch auf den dichteren Ebenen des Seins.

Du nimmst verschiedene Formen an, so, wie du deine Kleider wechselst. Immer aber bist du du! Der, der du bist. Hinter jedem Ausdruck verbirgt sich dein ewiges Sein. Und das gilt es, JETZT zu durchschauen.

Je näher du in diese Erfahrung gelangst, desto natürlicher wird dein Umgang mit dem Sterben und dem Tod. Dein Leben bestimmt dein Sterben und diese neue Geburt.

Der Tod ist eine Illusion!

Sei bereit, geliebter Mensch – du gehst ein in die ewige Liebe Gottes. So kläre deine Vorstellungen und falschen Annahmen dazu. Erlöse deine Ängste. Schau hin und verdränge nichts!

Bringe dich in die Freiheit, um am Morgen aufzuwachen, als lebendiges Beispiel dafür, dass es den Tod nicht gibt.

Von Licht und Liebe durchdrungen und in ewiger, bewusster Anbindung an die Urquelle des Seins.

Der allumfassenden, ewigen und lebendigen Liebe.

# DIE FREUDE

Die Freude ist das Wirken aus deinem Sein heraus.

Du hast in einen harmonischen Zustand gefunden und bist erfüllt von dieser prickelnden Energie. Du hast dich gelöst von deinen Ängsten und Blockaden, deine Energie zirkuliert ungehindert durch dein Wesen, du bist entspannt, leicht, fröhlich und in Freude.

Jeder Mensch hat diesen Zustand ab und an erlebt, jeder weiß, wie sich Freude anfühlt und wie vollkommen in solchen Momenten alles erscheint. Als würde die Zeit stehen bleiben, du fühlst, wie dich dieses Gefühl unendlich bereichert, dir Energie bringt und dich unbefangen und frei macht.

„...werdet wie die Kinder."

Und durch deine unmittelbar ausgedrückte Freude kommst du dieser Notwendigkeit sehr nahe. Dein Herz hüpft vor Freude, deine Augen strahlen, dein Körper vibriert in der Schwingung von Freude, und dein Gesicht spiegelt diesen inneren Glanz des Seins.

Bisher waren es kurze Momente, in denen du uneingeschränkt und völlig unbefangen dieses Gefühl erleben konntest. Vieles hat dich daran gehindert, ständig in Freude zu sein, da dich diese einengende und oft lieblose Realität davon abhielt, Freude zu zeigen und frei auszudrücken.

Wahre Freude und kindliches Staunen sind nicht überall ein willkommener Gast. Die niedrigen Energien, die die Erde lange Zeit im Griff hatten, die destruktive Schwingung und die Lieblosigkeit waren der Grund, weshalb sich Freude nicht nachhaltig und global im Herzen der Menschen festsetzen konnte.

Stets wurdest du in Angst und Sorge, in erdrückend kleinmachenden Gefühlsstrukturen gehalten. Bis du daran geglaubt hast, bis du den falschen Propheten ins Netz gegangen bist. Bis du geglaubt hast, dass die Abwesenheit von Licht und Liebe „normal" ist. Und in solch einer Welt ist auch die Freude kein geeigneter Ausdruck.

Oft hast du gemerkt, dass deine Freude nicht verstanden wird. Deine Unbefangenheit, deine Ehrlichkeit wurden misstrauisch beäugt und schließlich als „unreifes Verhalten" deklariert. Du wurdest verletzt, und dadurch hast du dich zurückgezogen und dir dieses essenzielle Gefühl selbst vorenthalten.

Eine lieblose, in Angst schwingende Realität, eine durch niedrige Gefühle dominierte Welt erträgt keine Freude! Freude ist eine Gefahr, da Freude nur aus einem reinen Herzen hervorbrechen kann.

> Und ein solches Herz kennt keine Angst,
> denn es schwingt in Liebe.

Es entzieht sich den niedrigen Energien und trägt so dazu bei, dass sich die Realität verändert.

Jede Veränderung dieser Art wurde bisher als Gefahr erlebt. In dieser Welt - der Ängste und der Angst.

Aus einer in Liebe strahlenden Persönlichkeit tritt unbedingt und immer ein Überfluss an Freude hervor. Liebe, Freude und Frieden sind eine Energiequalität, die bisher den Religionen überlassen wurden. Doch auch dort nur, so lange diese Freude ein „kontrollierter“ Ausdruck deiner „funktionierenden“ Persönlichkeit ist.

Ein „Übermaß“ an Freude wurde bisher auch da als Überschwang und Unreife abgetan. Das „Ernst-Sein“ wurde zur obersten Maxime erhoben, das Kontrolliert-Sein und das Beherrschen deiner Gefühle.

Stets wurde dir dieses Muster gelehrt. Und sobald du deinem Kindesalter entwachsen warst, wurdest du ständig darauf hingewiesen. „Der Ernst des Lebens“, hat man dir gesagt, und allmählich ist deine Freude zurückgetreten und verschwunden. Auch da hat man dich mit Ersatz abgespeist.

Manipuliert und ausgebeutet, fern von deinem tatsächlichen Gefühl reiner Freude, wurde dir von der kollektiven Meinungsmache vorgegeben, wo und wann du welche Art von Freude leben und zeigen darfst. Vor allem aber, wie lange. Nur nicht bei der Freude verweilen, denn dann könnte sie dir ja so gefallen, dass du diese ständig ausdrücken möchtest.

Der perfekte Partner, der beste Job, der Diamantring, der ultimative Urlaub, die schönste Wohnung, das coolste Auto oder ein dickes Bankkonto.

All diese und natürlich noch viel mehr Reize wurden als gesellschaftlich akzeptierte Anreize geschaffen, um diesen „Ersatz“ von Freude zu erleben. Doch sobald du in diesem Gefühl warst, hat man dir subtil aber unmissverständlich suggeriert, dass du weitergehen sollst, um neue Ziele zu erreichen, um neue „Freude“ zu erleben. Das Erfüllen deiner Wünsche wurde zur Freude erhoben.

Nicht das kindliche, unschuldige Staunen, das Verbundensein mit der Schöpfung und das Eins-Sein mit dir. Sondern dieser billige Abklatsch von nie eintretender Sättigung wurde dir gegeben, damit du kontrollierbar und beeinflussbar bleibst.

Freude ist ein hoch schwingendes Gefühl.

Und ein Mensch mit einer ständigen Schwingung dieser Qualität legt auf die falschen „Götter“ der Freude keinen Wert. Er wirkt aus seiner Fülle der Freude heraus, und alle Begleiterscheinungen dieses Lebensausdrucks auf der Erde nimmt er wertfrei, gelassen und in Freude entgegen.

Sich über das schönste Auto zu freuen, hat bei einem in wahrer Freude lebenden Menschen eine völlig andere Bedeutung.

Da die Abhängigkeit zu dieser Manifestation von Materie fehlt, lässt es ein solches Bewusstsein GLEICHGÜLTIG. Zwar erfreut es sich an den schönen Dingen dieser Realität, aber es tritt in keine energetische Resonanz oder Abhängigkeit.

Es ist, wie es ist, und Freude erlebt solch ein Mensch stets durch das Sein, durch die reine, unbefangene Wahrnehmung der Welt.

Freude ist ein hoch schwingender Seinszustand. Freude IST. Völlig unabhängig von allen Ereignissen im Außen. Auch dieses Wissen ist bekannt. Lichtarme und in Dunkelheit lebende Geschöpfe haben sich daher all den Ersatz dafür ausgedacht.

Hältst du den Menschen fern von seinem Wesenskern, hast du Macht über ihn.

Es ist, als würdest du einem Kind, das schreit, irgend etwas zum Spielen geben, damit es endlich ruhig ist. Die Menschheit bekommt ständig neue Spielzeuge und Beschäftigungen, neue Wichtigkeiten werden proklamiert und neue Abhängigkeiten geschaffen.

Jeder Trend, jede Mode, jedes IN sein wollen ist absolut schädigend und zerstört deine Fähigkeit zur Selbstwahrnehmung. Dauernd wirst du in Unruhe gehalten. Stets ist dein Geist, sind deine Gedanken mit irgendetwas konfrontiert, um beschäftigt zu werden, damit du nur nicht dahinter kommst und dieses lieblose Spiel, fern der Freude, nicht durchschaust.

Doch diese scheinbare Allmacht der destruktiven Kräfte ist nun zu Ende. Vorbei. Und es ist ihnen endgültig ihre Kraft und Macht genommen!

Das Spiel ist aus!

Unendlich viel spirituelle Energie, Licht und Liebe fließen derzeit der Erde zu. Eine für dich unbegreiflich hohe Anzahl von Wesen aus der geistigen Welt ist ausschließlich damit beschäftigt, die Energien der Menschen und die der Erde wieder in Balance zu bringen. Spezialteams sind damit betraut, die destruktiven Kräfte, die die letzten Tage ihrer scheinbaren Macht erleben, umzustimmen. Damit auch sie hineinfinden ins Licht.

Jeder Mensch ist wichtig, und es wird alles getan, damit jeder seine Entscheidungen treffen kann.

Die Macht der Lumpenhändler ist vorbei.
Wahre Freude erhebt sich aus deinem Sein.

Ungehindert darfst du sie nun erleben und der Welt zeigen. Deine Mitmenschen freuen sich darauf und mit dir. Deine Freude ist auch deren Freude. Das Sich-mit-Freuen ist immens beglückend und verbreitet diese ursprüngliche Energie, diesen Liebesausdruck unter all jenen Menschenkindern, die noch zaghaft und scheu davor zurückschrecken.

Wahre Freude kann man erlernen und zurückerlangen.

Sobald dein In-Freude-Sein auf positive Resonanz stößt, gewinnst du dein Vertrauen in dieses Gefühl wieder. Was lange Zeit als ein „unreifer" Ausdruck deines Gefühls gewertet wurde, ist jetzt willkommene Bereicherung für die Mitmenschen.

Freude ist der Schatten der Liebe, und das Licht macht beides sichtbar. Untrennbar sind Freude und die Liebe miteinander verknüpft.

Ein liebendes Herz freut sich,
und ein freudiges Herz liebt.

Auch Freude und Fülle bedingen einander. Bist du in Freude, so bist du er-füllt. Lebst du in Fülle, so bist du er-freut. Es ist eine besondere Erkenntnis, wenn du erfährst, wie alles miteinander verbunden ist. Wie ein Gefühlsausdruck den anderen bedingt. Und all die positiven, erfüllenden, friedvollen und freudigen Gefühlsmanifestationen haben ihren Ursprung in der Liebe. Findest du in deine Freude, so gewinnst du wie von selbst auch deine Fähigkeit zu lieben wieder. Erlebst und lebst du in Freude, so lebst und erlebst du Liebe.

Die Erde ist auf dem Weg in eine völlig neue Schwingungsdimension. Diese Heimkehr in die göttliche Ordnung wird begleitet von der ständigen Zunahme von Lichtenergie und von der Schwingung der Liebe.

Daher ist JETZT die Zeit, in der du dein Grundrecht, in Freude zu sein, zurückerlangst.

Dieser Wandel, der Mutter Erde zurückbringt in ihre ursprüngliche Schönheit, verwandelt auch dich auf all deinen Ebenen. Damit auch du dich wieder als den Menschen erleben kannst der du bist.

Damit du deine Schönheit begreifen, realisieren und darüber staunen kannst - wie ein kleines Kind. Du bist unbefangen und frei, rein und absichtslos, unvermittelt und selbstbewusst.

Jeder Ersatz ist abgefallen von dir, und dieser neuen Qualität des Lebens kann nichts entgegengesetzt werden. Die Welt verändert ihr Gesicht. Nichts bleibt, wie es war. Längst vergessene Eigenschaften entfalten ihre Kraft und gewinnen ihre Bedeutung wieder.

Durch das Erlösen deiner „freudlosen" Strukturen hast du Bedeutendes geleistet. Dein unverzichtbar wertvoller Beitrag, damit auch die Erde in ihr ursprüngliches Antlitz zurückgelangen kann.

Die Schwingung der Freude ist ein wesentlicher Baustein für das Wachsen dieser neuen Welt.
Deine Rückkehr in dein Herz bringt Freude hervor, und deine Freude bewirkt die Geburt von Liebe.

...der zarte Schatten deiner Freude
begleitet die strahlende Schönheit deiner Liebe.

# DIE SEHNSUCHT

Die Sehnsucht ist der Ruf deines Herzens nach deiner Heimat. Du erlebst das Getrenntsein besonders intensiv. Du fühlst, dass deine wahre Heimat weit ist, und du weißt, dass du auf der Erde fern bist von ihr.

Deine Sehnsucht ist dein Heimweh. Du sehnst dich nach dem Ort, von dem du gekommen, denn du bist dir voll bewusst, dass deine Aufgaben dich hierher brachten, und dass deine tatsächliche Herkunft jenseits der für dich wahrnehmbaren Welt liegt.

Deine Tränen sind das blutende Herz, der süße Schmerz – und in deiner Sehnsucht findet diese innere Hinwendung zur Einheit ihren Ausdruck.

Sehnsucht hört auf, sobald du wieder verbunden bist mit deiner Heimat, sobald du aus der Einheit schöpfst und lebst.

Jedoch ist auch wahr, dass die Sehnsucht immer wieder zurückkehrt in dein Herz, bis deine Verschmelzung vollständig ist und deine Rückkehr in deine ewige Heimat bleibend.

So lange du im Ausdruck der Erde als Mensch unter Menschen weilst, so lange wird dich die Sehnsucht begleiten und dich daran erinnern, wessen Abstammung du bist.

Durch notwendige Alltagsaktivitäten gelangst du vielleicht kurz ins „Vergessen", doch sobald du wieder in deiner Stille und Hinwendung an deine Urquelle bist, bricht dieses Sehnen unvermittelt hervor. Es überkommt dich förmlich, und dieses Heimweh ist mit nichts zu vergleichen.

Die Sehnsucht bleibt, so lange wir in und mit unseren Körpern in dieser Ausdrucksform zum Wachsen und Werden der Schöpfung beitragen.

Wir erfüllen unsere Aufgaben und sind von weit her angereist. Immer wieder, Leben für Leben. Damit wir unsere Aufgaben zu Ende bringen und um schließlich für ewig zurückzukehren zu unserem Ausgangspunkt.

Und immer wieder erinnert uns die Sehnsucht an die Heimat. Sie hält uns wach, und ihr Schmerz bohrt sich in unser Herz, bis wir wieder Trost gefunden haben, indem wir die Verbindung zu unserer Heimat herstellen.

Durch Meditation und die Einkehr in unser Herz gelingt es uns, in Verbindung zu treten, und diese liebevolle Begegnung gibt uns die notwendige Kraft, um durchzuhalten. Die Sehnsucht aber bleibt, da dich nur eine vollkommene Verschmelzung, eine vollständige Rückkehr in deine wahre Heimat, erfüllen kann.

Bis dahin gilt es aber noch aufzulösen und sich ins Licht zu bringen. Sich umfassend zu klären und auf dieser Ebene des Seins Meisterschaft zu erlangen.

Eher ist die so herbeigesehnte, vollständige und bleibende Rückkehr nicht möglich.

Durch deine Sehnsucht wird sehr viel Liebesenergie freigelegt, und obwohl du dabei schmerzhaft berührt wirst, erwirkt deine Sehnsucht, dein Rufen nach der Einheit, einen großen Widerhall im Universum. Deine Sehnsucht bleibt niemals unbemerkt, dein Ruf nie ungehört.

Die Sehnsucht ist die REINSTE Absicht, der REINSTE Ausdruck deines menschlichen Wesens. Diese Absicht ist absolut edel und entspringt direkt aus dem Innersten deines Herzens. Es ist dein Juwel, die Essenz deiner Essenzen. Eine reinere und edlere Absicht als deine Sehnsucht gibt es nicht.

So wundert es nicht, dass, sobald deine Sehnsucht erwacht, Bewegung und unglaublich viel Dynamik in dein Leben gelangt. Ein tief empfundenes Sehnen nach der Einheit ruft augenblicklich deine himmlischen Geschwister herbei, deine Familie; und zärtlich wirst du wieder in dein Verstehen, in dein Erkennen der Zusammenhänge gebracht.

Unaufhörlich fließen dir ihre liebenden Energien zu, denn sie wissen, was es bedeutet, diesen Dienst zu tun. Waren doch auch sie dieser Erfahrung ausgesetzt und viele Leben in der Realität der Erde oder anderswo tätig. Sie kennen deinen Dienst, daher wissen sie genau, was zu tun ist und wie sie dich wieder aufrichten können, so dich der Schmerz, das Heimweh, ereilt.

Sie kennen deinen Schmerz und handeln sofort, damit du wieder eine Verknüpfung, einen direkten Kontakt zur Heimat herstellen kannst.

Dann bist du wieder beruhigt, bis dich ein neuerliches Sehnen überkommt. Und wieder tritt deine Familie in dein Zimmer, oder wo immer du auch bist, um dir Beistand, Halt, Kraft und Liebe zu geben. Dir zugeordnete Engel und Lichtwesen, die mit konkreten Aufträgen ausgestattet sind, begleiten deine Heimkehr und helfen dir dabei, deine Aufgaben zu erfüllen und deine Befreiung zu erlangen.

Deine Sehsucht ist die unausgesprochene, reinste Absicht aus deinem Herzen. Nichts ist reiner und wirkungsvoller.

Je tiefer deine Sehnsucht, desto näher bist du deiner Essenz. Dein vollständiges Erwachen steht bevor. Jeder Ruf wird gehört und erhört.

Alles, was jetzt möglich ist, wird getan.

Deine Energiekörper werden mit Licht geflutet, um Auflösung zu bringen, damit du wieder einen Schritt näher an deine endgültige Heimkehr gelangst.

Kein Ruf bleibt ungehört! Dieser stille Ruf ist im ganzen Universum zu vernehmen. Eine Absicht, geboren aus dem Gefühl und dem Schmerz der Sehnsucht, schwingt derart hoch, dass alle Ebenen des Seins davon Kenntnis erhalten.

Sehnsucht ist der direkteste Weg zurück in den Ursprung. Je stärker dein Sehnen, desto bedingungsloser und absoluter gehst du deinen Weg auf der Erde, und desto entschlossener und klarer erledigst du deine Aufgaben.

Alleine die Tatsache deiner hervortretenden Sehnsucht löst Illusionen auf, da so viel Lichtenergie freigesetzt wird, dass augenblicklich Transformation geschehen kann. Die Sehnsucht ist der einzige Schmerz, der erst dann vollständig von dir geht, wenn deine Heimkehr und deine Verschmelzung mit der Einheit vollständig und absolut, auf allen deinen Ebenen vollzogen sind.

Bis dahin gilt es durchzuhalten und in steter Verbindung mit der Heimat zu bleiben. Achte darauf, dass deine „Leitung" nicht abbricht, dass du immer in Verbindung bleibst, damit dich die liebevollen Energien aus deiner Heimat erreichen können. Du wirst mit allem versorgt, was du für deine Rückreise benötigst.

Geduld und Hingabe, Vertrauen und Bedingungslosigkeit, sind die Eigenschaften, auf die es ankommt. Deine Sehsucht ist dein ursprünglichstes und reinstes Gefühl. Achte darauf, dass sie sich frei ausdrücken und immer wieder hervortreten kann.

Deine Sehnsucht ist das Atmen der Seele. Gib ihr den Raum, der ihr zusteht, und freue dich, wenn sie aus dir empor steigt, um dich zu erinnern – wessen Abstammung du tatsächlich bist und wo sich deine ewige Heimat befindet.

Jede Träne der Sehnsucht ist eine Träne der Liebe, wie Tautropfen, sobald das Licht kommt, lösen sie sich auf und erlösen dich.

Freue dich über jede Träne und freue dich über das Licht. Erfreue dich an der Sehnsucht und sei dir ihrer Kraft bewusst.

Die Sehnsucht ist das Atmen deiner Seele und das Brennen deines Herzens.

Gib diesem Vorgang den Raum, den er braucht, um dich weiter daran zu erinnern, woher du kommst und wer du bist;

> ... denn deine vollständige, freudige und feierliche Rückkehr in die Einheit ist nah.

# DIE FREIHEIT

Freiheit bedeutet, frei zu sein. Frei von Ängsten, Sorgen, Kummer; von Blockaden und Vorstellungen, die deinen Blick auf dein wahres Wesen versperren. Nur durch das Auflösen solcher hinderlichen Muster gelangst du in DEINE Freiheit.

Freiheit bedeutet, seine wahre Abstammung zu kennen, diese zu leben und in jedem Moment auszudrücken.

Direkt verbunden mit deinem Selbst bist du frei. Du kennst deine Aufträge, deine Aufgaben, und du weißt, was dein Lebenszyklus jetzt für dich vorsieht.

Durch diese Freiheit drückst du deine Göttlichkeit aus. Du lebst im Einklang mit der Schöpfung, da du in ihr als ein wesentlicher Teil wirkst und stets Bescheid weißt um deine „Bestimmung“ in dieser Lebensrealität.

> Frei sein bedeutet zu sein – der, der man IST.
> Ich BIN der, der ich BIN!

Wird dieses erfahren, gelangst du in die Freiheit. Du bist im Fluss des Lebens, stets frei im Handeln, da dich nichts behindert oder dir die Sicht verstellt. Du erkennst deine alles durchwirkende Kraft und Macht. Deine alles durchdringende Liebe.

> Du bist frei, weil du vollständig aus deinem Herzen heraus agierst.

Da du keinen „falschen“ Vorstellungen mehr unterliegst, bist du klar in deinen Gedanken, Worten und Taten.

Tatsächliche Freiheit besteht nicht darin, zu tun und zu lassen, was man will, sondern darin, in Einklang mit seinem umfassenden Wesen ausgerichtet auf die Urquelle des Seins zu leben. Zu wissen, wer du bist, zu wissen um die Beschaffenheit der Dinge. Zu wissen, dass durch die Anbindung an dein Selbst wahre Freiheit erst möglich ist.

Gerne lässt dich dein Ego glauben, dass Freiheit darin besteht, sich beliebig sein Leben einzurichten. Es bedient sich geschickt deiner Vorstellungen und Blockaden und lässt dich glauben, frei zu sein, so du der Erfüllung dieser Muster nachkommst. Um nicht dahinter zu schauen, wird dir „Freiheit“ vorgetäuscht!

Befreie dich davon! Von dieser Täuschung. Sie bringt Enttäuschung hervor, da du erkennen musst, dass diese „Freiheit“ nicht die Kraft hat, deinem Leben bleibende Fülle zu bringen.

Das menschliche Wesen ist darauf ausgerichtet, in seiner Multidimensionalität zu wirken. Durch diese vollständige Entfaltung deines Potenzials trittst du ein in die WAHRE Freiheit. Alles ist sinnerfüllt, und dein Handeln wird durch dein erwachtes Wesen bestimmt.

Nicht mehr der einengende Blick des Egos bestimmt den Ausdruck von Freiheit, sondern deine umfassende neue Realität lassen dich – tatsächlich frei sein.

Dein Herz hält alles für dich bereit.

Durch deine Einkehr in dein Herz erlangst du auch deine Freiheit wieder. Diese liebende Heimkehr enthält den Schlüssel zu allen Toren der Erkenntnis um die Dinge, wie sie tatsächlich sind. Liebe bewirkt Freiheit. Der Mangel an Liebe erzeugt einen Mangel an Freiheit.

In deinem Herzen sind alle Lösungen verborgen und warten darauf, von dir berührt zu werden, damit sie dir bei deiner Entfaltung Flügel verleihen.

Das göttliche Licht der Liebe begleitet dich, befreit dich von Täuschungen und bringt dich in deine Freiheit. Beanspruche auch diesen wesentlichen Teil deines Wesens.

Ein aus seinem Herzen heraus freier Mensch ist erst zu wahrer Liebe befähigt. Freiheit, Klarheit, Kraft und Liebe.

Erkennst du, wer du tatsächlich bist, wird dir die Freiheit als Erfahrung gegeben. Freiheit wird nicht erkämpft, wie viele irrtümlich glauben. Freiheit „ereignet" sich, indem du loslässt.

Das Loslassen aller emotionalen Blockaden wie mentaler Begrenzungen lassen dich Freiheit fühlen und erleben. In Frieden sein und – loslassen.
Um Freiheit und Liebe zu erlangen.

Befreie dich von dem, was dich daran hindert,
in deine Selbstwahrnehmung zu gelangen.

Befreie dich und du bist FREI.

Der Kampf um Freiheit bringt neue Sklaverei hervor. Wahre Freiheit wird im Herzen erlebt. Das Loslassen aller „Programmierungen“ ist der direkte Weg in die immerwährende Freiheit. Unabhängig von äußeren Ereignissen stehst du in deiner Mitte; aus der heraus du in FREIHEIT, in deinen Lebensfluss eingebettet, wirkst.

Die Freiheit, die du suchst, ist bereits in dir.
Dort ist ALLES.

Die Freiheit wartet auf dein Licht, damit sie sich erheben kann. Damit sie ihre Kraft und Macht, ihr wahres Antlitz, zeigen kann.

So gehe hin, geliebter Mensch, zu deinem Fenster mit dem Namen „Freiheit“. Öffne es und bitte das unfehlbare göttliche Licht hinein, um auf deine Freiheit hinzuleuchten.

Dieser Schatz will ans Licht, und durch deine reine Absicht gelangt er ins Licht. In dein Bewusstsein und in deinen Alltag.

Du denkst frei, du redest frei, du handelst frei.
Du bist – FREI.

# JA, ICH WILL!

„...Ja, ich will mich als Liebe und Licht erfahren."

Diese bewusst ausgesprochene Absicht ist der Auftrag an das Licht und an alle dir zugeordneten Lichtwesen diesseits und jenseits des Schleiers, mit der Arbeit an deiner „energetischen Freilegung" zu beginnen. Dein Auflösen von Blockaden, Mustern und Vorstellungen in deine Alltagsrealität zu bringen.

Deine reine Absicht ist der Beginn dieses Prozesses. Er erfordert deine Ausdauer, deine Geduld, dein Vertrauen und deine Hingabe.

Jeder Mensch ist einmalig, und so ist auch der Weg zurück in die Einheit ein einmaliger Ausdruck deines Wesens. Daher ist es wichtig, genau zu beobachten und von Beginn an zu unterscheiden. Was geschieht bei, mit und in mir? Lerne deine innersten Verwandlungen wahrzunehmen und zu genießen. Vergleiche dich niemals (!) mit anderen Mitmenschen auf diesem Weg.

Jeder Mensch hat SEIN Potential und SEINE „logische" Aneinanderreihung an Erkenntnis, bis der Durchbruch in sein Herz gegeben wird.

Was bei dem einen jetzt geschehen soll, wird sich bei dir später einstellen, oder umgekehrt. Gottes Plan kennt deine spezielle Energiestruktur, deine Muster, Blockaden und Ängste.

Dein Energiefeld ist sichtbar für das Licht, für Lichtarbeiter und Heiler, diesseits und jenseits deiner Wahrnehmung. Daher vertraue und beobachte. Deine Absicht führt dich, wenn nötig, an die „richtigen" Begegnungen heran.

Du lernst Menschen kennen, die dich dabei unterstützten oder ganz konkret mit dir an der Heilung deiner Energien arbeiten. Es sind viele spirituelle Heiler und Helfer, Energie- und Lichtarbeiter sowie hohe Meister des Lichts unter uns, um dich dabei zu unterstützten und in dir dein Licht zu erwecken.

Diese besonderen Menschen können ganz gezielt das Licht ansprechen und dir durch ihre ausgeprägten Wahrnehmungsfähigkeiten gezielte Informationen geben. Ist das DEIN Weg, so wirst du an diese Menschen herangeführt.

Deine reine Absicht macht es möglich. Dein Weg ist einzig und einmalig. So, wie du es bist. Halte dir das bitte immer vor Augen.

Verliere niemals den Mut und bleibe in geduldiger Gelassenheit. Denn du musst wissen, dass oft auch Wunder Zeit brauchen. Oft sind es viele kleine Schritte, die täglichen „kleinen Erfolge", die schließlich den großen Umbruch bringen: deine nachhaltige und bleibende Verwandlung.

> Kein Zweiter im ganzen Universum geht den Weg, der für dich vorhergesehen ist.

Der auf deiner Seinsstraße geebnet wird, um dich zurückzubringen in dein Herz, zu deiner Quelle.

Oft hast du vielleicht, speziell am Beginn deiner Reise, das Gefühl, dass sich gar nichts tut und das Licht nicht wirkt. Du zweifelst und verlierst dein Vertrauen. Das ist jedoch eine Falle deines Egos! Dein unruhiger Verstand suggeriert dir dieses, damit alles beim Alten bleibt und du nicht loslässt. Denn dein Ego weiß, dass am Ende deiner Wandlung auch das Ende des Egos steht.
Und es geht nicht mit Freude. Daher arbeitet es subtil deiner Absicht entgegen.

Erkenne das, beobachte genau und lerne,
zu unterscheiden.

Beobachte in solchen Momenten vor allem deine Gedanken. Sei ein stiller Betrachter und urteile nicht, bewerte nicht. Beobachte nur und bitte das göttliche Licht um Auflösung. Forciere nichts und versuche nicht, an etwas festzuhalten.

Erkenne, dass deine Gedanken mit deinem Selbst nichts zu tun haben. Diese mischen sich nur ein, um Unruhe, Unfrieden und Unsicherheit zu erzeugen.

Distanziere dich von deinen Gedanken, die das Ego hervorbringt, um dich weiter an sich zu binden und dich daran zu hindern, in dein tatsächliches Sein zu gelangen. Entferne dich davon, und sie werden sich auflösen. Gib ihnen keine Energie mehr.

Gedanken, die dich behindern, lösen sich auf, sobald du davor nicht mehr zurückschreckst
- oder dich daran festhältst.

Gelingt es dir, diese wertfrei zu betrachten, so werden sie wertlos und lösen sich auf. Du bist wieder in deiner Mitte und Kraft.

So ist es wichtig, die „richtigen“ Begleiter auf deinem Weg zu finden. Damit bei deiner Ganz- und Heilwerdung für jeden weiteren Schritt die erforderliche Liebesenergie in dein Wesen einfließen kann.

Damit du die richtigen Zuordnungen triffst und zu unterscheiden lernst. Das Licht führt dich hinein in deine Themen, und dein: „Ja, ich will“, bringt so viel Bewegung in dein Umfeld, dass für alles gesorgt ist, sobald diese klare Entscheidung getroffen ist. Du bekommst absolut alles, was du brauchst, um deine Essenz zu leben und in dein Herz zu finden.

Deine Bereitschaft, loszulassen – ist das wesentlichste Erfordernis. Beobachten und loslassen.

Bis alles gegangen ist, was dir den Blick auf dein Wesen versperrt hat. Bis du frei bist von Ängsten, Blockaden und Mustern, von Vorstellungen und Ego dominierten Gedanken, den Gefühlsausformungen deiner bisherigen „Realität“, deines bisherigen Lebensalltags. Sobald du loslässt, ist damit Schluss!

Das gilt es zu erlernen, und diese wahre Demut bringt dich deinem ewigen Sein näher.

Schritt für Schritt: hinsehen, beobachten, loslassen, auflösen = ERLÖSUNG.

Vielleicht stellt sich nach einiger Zeit das Gefühl ein, dass du irgendwie nicht weiterkommst, obwohl du dir alle erdenkliche Mühe gibst, in dein Herz zu finden? So lass dich nicht entmutigen, und du sollst wissen, dass es Zeit braucht, und oft ist deine ganze Geduld gefordert. Er braucht Zeit, um all die Überlagerungen in deinem Energiefeld freizulegen oder aufzulösen.

Neben deinem feststofflichen Körper besitzt du noch einen emotionalen, einen mentalen wie einen spirituellen Körper. Diese sind zwar für dich unsichtbar, aber genau darin sind deine Muster und Blockaden gespeichert. Alle diese „diffusen Dinge" müssen aufgespürt, ans Licht gebracht und aufgelöst werden.

Gefühle und Ängste aus einem längst vergangenen Leben, Gedanken und Vorstellungen aus einer anderen Epoche. All das muss erlöst werden, und bedenke bitte: Du brauchst Zeit, um dies zu verarbeiten und diese Erkenntnisse in dein jetziges Sein, in dein Wesen zu integrieren.

> So geschieht immer das, was möglich und deiner Entwicklung gemäß ist.

Alle Ebenen arbeiten im Einklang, damit du allmählich und ohne jeden Druck oder Ehrgeiz, ohne Vorgaben oder Erfolgsmuster in deine Natur gelangst.

So ist auch „spiritueller Erfolgs-Ehrgeiz" ein Muster, das nach Erlösung ruft. Auch „spiritueller Fortschritt" kann zu einer neuen, druckmachenden wie angsteinflößenden Realität werden.

Daher vertraue und bewerte nicht.
Messe nicht und übe keine Urteile!
Vergleiche nicht und bleibe ruhig.

Deine ruhige Gelassenheit macht dich elastisch, entspannt und bringt dir die nötige Geduld, um diese Heimkehr, Schritt für Schritt, mit Freude zu erleben.

Erlaube es niemandem, dein Tempo zu bestimmen. Forciere nicht, verhindere nichts. Beobachte und lass los, sobald du erkennst, dass die Zeit dafür gekommen ist.

Ist der Apfel reif, so fällt er ganz von selbst vom Baum. Du brauchst keinen Baum zu schütteln, denn jeder Apfel fällt vollkommen und natürlich zur Erde, wenn er gereift und bereit dafür ist.

Es vergehen Frühling und Sommer, doch du weißt, sobald es Herbst wird, fällt der Apfel plötzlich vom Stamm. Es braucht Zeit, doch es geschieht unvermittelt und über Nacht. Das Reifen des Apfels ist wie dein Reifen. Es braucht Geduld, doch sobald die Reife erlangt ist, ereignet sich dieses Wunder.

Deine Geduld, deine Ruhe und dein Beobachten sind notwendig, um diesen Prozess mit der erforderlichen positiven Grundenergie zu versorgen.

Durch diese Einstellung gelangt in diesen Vorgang so viel Liebesenergie, die dich wie von selbst weiter und weiter trägt.

Dies ist dein unmittelbarer Beitrag und von großer Bedeutung. Dabei wirst du stets begleitet, und um es nochmals zu sagen: geführt von göttlichen Lichtwesen. Du bist nie(!) allein.

JA, ICH WILL!

Das ist die Formel für dieses Zeitalter! Ja, ich will!, ist dein Signal ans Universum, dein Ruf aus der Wüste. Fruchtbare Oasen, saftige Wiesen, lebendiges Wasser und ewige Freude erwarten dich. Dein Durst ist gestillt. Du bist gesättigt. Auf ewig, für immer.

Ja, ich will!

Dein Loslassen bringt dich zurück, und dieser Ruf ist im ganzen Universum hörbar. Er wird überall vernommen, denn das Klären deiner Energien ist von unermesslicher Bedeutung; für dich und für die gesamte, sich weitende Schöpfung.

So gehe hin und fürchte dich nicht!

Sei wie ein Kind, das staunend vor einer Auslage steht und die Dinge darin betrachtet. Betrachte auch du deine „Gegenstände", die sich im Laufe der Zeiten um dich aufgebaut und in dir festgesetzt haben. Schaue hin, bewerte nicht. Betrachte genau und löse dich davon, bis du leer und frei bist.

Habe Geduld und vertraue.
Es ist für alles gesorgt.

Das lebendige Wasser steht für dich breit, und dir wird nie mehr dürsten. Wieder bist du der, der du bist, und deine Reise hat dich zurückgebracht in die Einheit und in die Arme Gottes.

In die alles umfassende Energie von
Licht und Liebe.

JA, ICH WILL!

# DU BIST DAS LICHT

Gott durchwirkt absolut alles!

Jeder Teil des Universums, sichtbar und unsichtbar,
ist durchdrungen von dem großen Einen – Gott.
Es gibt nichts außerhalb von IHM/IHR/ES.

Alles ist ER, und in allem zeigt ER sich.
Die Abwesenheit Gottes ist eine Illusion.

Indem du in deiner Realität „gefangen“ bist, erlebst du diese „Abwesenheit“. Dadurch, dass dein Herz verstellt ist und Blockaden davor aufgebaut sind, wirst du daran gehindert, zu erkennen.

Mit dem Auflösen dieser Hindernisse beginnt sich deine Wahrnehmung zu verändern. Dein innerer Blick wird klar, und du siehst dein Licht. Dieses „Erleuchtet-Sein“ lässt dich erkennen.

Licht ist der Ausdruck Gottes, und wenn du das erkennst, erlebst du dich in der Einheit mit IHM.

Die Trennung wird aufgehoben, und die Verschmelzung findet statt. Sobald du dich als Licht erfahren kannst, gewinnst du den Überblick zurück. Du begreifst, was dich auf die Erde geführt hat, und du bist im Sein, im JETZT, verankert. Je lichter deine Wahrnehmung wird, desto natürlicher wird dein Leben im Jetzt. Empfindest du dich als Licht, gelangst du automatisch in die Realität des Jetzt.

Obwohl du in der „Realität“ von Zeit und Raum lebst, erkennt dein Bewusstsein den Unterschied. Dieses Erkennen hebt dich heraus aus der Vergangenheit und der Zukunft.

Die Kraft deines ZEITLOSEN Bewusstseins.

Du bist ein multidimensionales Wesen, und durch das Licht wird dir dieses bewusst. Du erfährst, dass Zeit und Raum sich aufheben, sobald du dahinter blickst. Dieses Wissen macht dich leicht.

Durch das Auflösen von Mustern, Blockaden und falschen Vorstellungen und durch das Ablegen von gedanklichen Irritationen bewirkst du eine ungeheuere Befreiung in dir. Die Zeit- und Raumebene verliert ihre oft angsteinflößende Macht.

Du erlebst dich als EWIG.

Eingewebt in die Göttlichkeit bist du Gott. Licht und Liebe, immer schon, seit jeher, von Anbeginn der „Zeit“. Du kreierst Erfahrungen, die nur auf der Raum/Zeit-Ebene möglich sind. Deshalb bist du hier! Jenseits davon jedoch bist du zeit- und raumlos.

Du bist Geist, ewiger Ausdruck unseres Schöpfers.
Gottes Atem, Licht und Liebe.

Durch Meditation, Lichtarbeit und durch die Hingabe an deine Quelle des Ursprungs öffnen sich deine Räume, öffnet sich dein inneres Wesen.

Das „Entrümpeln“ deines inneren Tempels ist notwendig, damit der Schatz freigelegt werden kann. Der polierte Kelch, dein inneres Gefäß, das voller Sehnsucht darauf wartet, den süßen Nektar der Urquelle der Seins deiner in Liebe überfließenden ewigen Heimat – in sich aufzunehmen.

Deine Hinwendung an das Göttliche bringt dich in deine Seele, in dein Herz zurück. Gott durchdringt und durchwirkt absolut ALLES.

Ein geklärtes und gereinigtes, ein befreites wie wiedererlangtes Bewusstsein lebt ganz bewusst in dieser Realität. Das ist möglich, da keine niedrigen Gefühle mehr hindern. Angst, Sorge, Zweifel, Hass, Eifersucht, Neid, Zorn und Gier sind aus den Energiekörpern getreten. Du bist absolut frei davon. Befreit und klar.

Das ist die Wahrnehmungsqualität, die dir ermöglicht, direkt in Verbindung zu sein mit deiner ewigen Essenz. Du lebst in Einheit mir dir und deiner Umwelt. Du erlebst dich, obwohl auf der Raum/Zeit-Ebene, als zeit- und raumlos. Dein erwachtes Bewusstsein erkennt diesen Unterschied. Dein Alltag ist erfüllt, da du aus dieser Verbundenheit heraus wirkst und mit der Einheit lebst.

> Alles ist eins,
> und in jedem Teil der Schöpfung ist alles.

Enträtselst du die wahre Bedeutung des Lebens, breitet sich ein unendlicher Frieden aus in dir. Es ist so beruhigend und erfüllend zu wissen, wer du bist.

Das ist ein wahrer Schatz, der, sobald er gehoben, seine Strahlkraft und seinen vollkommenen Glanz entfaltet.

So vieles erscheint dir wichtig. Bitte richte deine Aufmerksamkeit auf das wirklich Wesentliche.

Auf die Frage: Wer bin ich?
Auf die Frage: Wozu bin ich da?
Auf die Frage: Woher komme ich?

Befreie dich von allen Hindernissen, die es unmöglich machen, zum Kern vorzudringen. Und es sind immer Muster und Blockaden, Illusionen und falsche Vorstellungen, die deine Heimkehr vereiteln.

Bist du bereit, zu erkennen?
Dann sage: JA, ICH WILL!

Lass diesen Entschluss laut und deutlich in dein Herz sinken. Von dort heraus wird die Kraft erzeugt, die für diesen Prozess erforderlich ist.

Bist du bereit, deinen Schatz zu heben?
Dein Licht zu sehen?
Dann sage: JA, ICH WILL!

Laut und deutlich; und danach lass das ausgesprochene Wort in deinem ganzen Körper, in deinem ganzes Sein wirken. Deine reine Absicht wird dich zurückbringen in deine einmalige Wesensart.

Lass es zu, dass dein Herz berührt wird.
Lass zu, dass du zu dem wirst, der du bist.

Du wirst begleitet und stets geführt, damit du herausfindest aus diesen trägen, destruktiven und zerstörerischen Energien, die sich angesammelt haben im Laufe deiner Leben, durch Zeit und Raum.

Du wirst behütet und mit allem versorgt, was dieser Weg an „Inspiration" benötigt. Ganz auf dich abgestimmt wirst du Schritt für Schritt, behutsam und unendlich liebevoll von uns begleitet. Wir, die Lichtwesen der Schöpfung, jenseits des Schleiers.

Die reine Absicht, Ausdauer und deine Hingabe sind das Erfordernis. Alles andere überlasse uns. Wir werden dich zu der für dich vorgesehenen Zeit an alle Lösungen heranführen. In Ruhe, mit Geduld und in tiefer Liebe.

Wir sind da, auch wenn du es nicht bemerkst.

Doch sehr bald schon wirst du uns wahrnehmen und unsere Nähe fühlen. Sobald sich die ersten Trugbilder aus deinen Energiekörper verabschieden, wird deine Wahrnehmung lichter.

Es braucht Geduld, aber am Ende steht IMMER das Erkennen. Es braucht deine Hingabe, und am Ende steht IMMER die Erleuchtung.

Gott ist alles und in allem. Alles außerhalb von dir und alles in dir ist ER, SIE und ES. Der große EINE! Die Quelle der Quellen.

Reines Licht und bedingungslose Liebe.

Die Urquelle des Seins bereitet ihre Arme aus und leuchtet dir den Weg, bis du dein Licht entzünden kannst. Bis du eingehst in dein ewiges Reich, deine ewige Heimat.

In den ewigen alles durchdringenden Geist
der Liebe Gottes.

# MEINE LIEBE

Geliebter Mensch, Gott liebt ALLE gleich.

Es gibt keinen Unterschied. Jedes Wesen, jeder Ausdruck und alle Seinsformen werden bedingungslos und gleich geliebt.

Wie könnte es anders sein? So ist doch alles ein Teil von mir, und in JEDEM Teil finde ich mich! Meinen Ausdruck. Und dieser Ausdruck ist immer einmalig und einzig.

Oft glaubst du, dass du um meine Liebe kämpfen musst, damit du diese erlangst. Das brauchst du aber nicht! Sie ist von keiner „guten" Tat abhängig.

Meine Liebe ist ständig, gleichbleibend und absolut. Wie könnte ich dich nicht lieben, bist du doch ich, und immer begegne ich mir selbst.

Du brauchst für meine Liebe nichts zu tun!

Ich aber sehne mich nach deiner Liebe. Und unaufhörlich versuche ich, dich zu erreichen. Dein Herz zu öffnen, damit du dich zu mir hinwenden kannst.

Ich rufe nach dir, bis du mich hörst, bis du meine Stimme erkennst und bis du dich hinwendest – zu mir. Unaufhörlich rufe ich, um deine Liebe zu erlangen. Wahrlich, ich mache keine Unterschiede!

Wie könnte ich anders, als ALLE, ALLES und ABSOLUT zu lieben. Entspringt doch alles der einen Energie, der einen, alles umfassenden Kraft - der Urquelle des Seins.

Überall, wo es einen Mangel an Liebe gibt, bin ich da, um dieses Ungleichgewicht auszugleichen. Um dich wieder in deinen ursprünglichen Energiezustand zurück zu bringen.

Allerdings bedarf es deiner Zustimmung, deiner Erlaubnis!

Ohne diese kann ich nicht wirken, da die Erde und die Form in der du inkarniert bist, dies erfordern.

Dein freier Wille wird unbedingt geachtet!

Ein „Eingreifen" ist selten und nur dann möglich, wenn die göttliche Ordnung dieses erlaubt. Alles ist miteinander verbunden. Die Zusammenhänge sind sehr vielschichtig, und es bedarf großer Bewusstheit, um dies zu erkennen.

Du sollst wissen, dass dich meine Liebe stets begleitet. Tag für Tag, Schritt auf Schritt und bei jedem Atemzug. Immer bewegst du dich in meiner Liebe.

Diese Energie ist die grundlegendste und zugleich höchste Schwingung des Universums. In ihr bewegst du dich und lebst du – ständig. Ohne dieser, allen Welten zugrunde liegenden Schwingungsfrequenz, wäre KEIN Leben möglich.

Du kannst es leicht daran ermessen, dass überall, wo die Energie der Liebe blockiert oder ganz verschwunden ist, Dunkelheit und Tod sind.
Die Abwesenheit von Leben.

In dem Moment, in dem du dich bewusst mit dieser Energiequalität verbindest, trittst du ein in deine ewige Präsenz.

Dein ewiges Sein - dein ewiges Leben.

Dies gilt es zu durchschauen, um aufzusteigen und in die Meisterschaft dieser Seinsform zu gelangen.

Ich liebe ALLE gleich!

Wo immer du auch stehst, was immer deine momentanen Erkenntnispotentiale sind! Ich bin bei dir und sehne mich nach deiner Liebe.

Ich liebe dich gerade so, wie du JETZT bist.
Absolut und uneingeschränkt!

Umgibt dich die Dunkelheit, so liebe ich dich. Plagen dich Sorgen, Zweifel und Ängste, so liebe ich dich. Bist du traurig, zornig und voller Hass, so liebe ich dich. Machst du mich für dein Leid verantwortlich, so liebe ich dich.

Der Schlüssel, um in dieses Gewahrsein zu gelangen, liegt in deinem Herzen. Öffnest du dein Herz, bin ich da, und du fühlst, wie ich dich liebe.

Deshalb ist es so wichtig, alles aus dem Weg zu räumen, was dir den Zutritt in dein Herz versperrt.

Auch bei dieser Arbeit bist du nicht alleine.
Mit deiner Erlaubnis bin ich bei dir, um dir zu geben, was du brauchst.

So hab keine Angst davor, mit mir zu reden. Sprich mit mir so, wie du es gewohnt bist, wenn du mit Menschen sprichst. Schütte dein Herz aus, und danach –
höre mir zu.

Schweig und lausche!

Übe dich darin, und du wirst garantiert deine Antworten erhalten. Aus der Stille heraus wird sich deine innere Stimme erheben und dir Klarheit, Antworten und Vertrauen bringen. Übe dich darin und verliere nicht den Mut. Es bedarf deiner Ausdauer und deiner Sehnsucht.

Dein Sehnen nach mir ist meine Sehnsucht nach dir.
Gib mir deine Liebe, und ich gebe dir alles.

Das ist der Weg, der dich direkt zurückbringt –
in meine Arme. Ich liebe ALLE Menschen gleich!
Und ich sehne mich nach EURER Liebe.
Ich habe alles, wenn ihr mir eure Liebe schenkt.

Durch dieses Geschenk werdet ihr zu dem,
der ihr immer schon wart und ewig seid

– Gottes Ebenbild.

AMEN.

… das Licht Gottes berührt dein Herz,
und deine Liebe ergießt sich über die Erde.

# BRIEF DES AUTORS

Geliebter Mensch,

abermals wurdest du vom Licht berührt und von der Urquelle des Seins an deine Erkenntnispotentiale herangeführt.

Wie Band I, so ist auch Band II ein Buch voller energetischer Auswirkungen und unterstützt deine Hinwendung überall dort, wo es erlaubt, angemessen und erforderlich ist. Es ist das Licht, das alles ermöglicht und heilt, und dein sanftmütiges Herz ist der Ausdruck deiner Schönheit.

Auf den abschließenden Seiten erhältst du Kenntnis über „Das Licht“ und „Die Urquelle des Seins“. Deiner immerwährenden Essenz und deiner ewigen Heimat. Bestehend aus Licht bist du Licht, und deine göttliche Herkunft ist ewig gültige Realität.

Diese Durchsagen, die auch auf meiner Internetseite zu lesen sind, gebe ich im Anhang des Buches wieder, damit du erneut hineinfindest in die Vertrautheit deiner Abstammung und in diese immerwährende Wirklichkeit.

Es ist für alles gesorgt, damit wir erkennen, wer wir tatsächlich sind.

Jahn J Kassl

jjk@lw-verlag.com / www.lw-verlag.com

# DAS EWIGE LICHT

Licht ist der Ausdruck Gottes.
Die Manifestation von Liebe.

Unsere Körper bestehen aus reinem Licht. Jede Zelle ist Licht. Bestehend aus dem „Urstoff" der Schöpfung – Licht.

Die Zurückerlangung von Bewusstheit und die umfassende, heilende Wiedererweckung der Zellen in unseren Körpern bedingen einander.

Je näher du deiner spirituellen Essenz kommst, desto lichter wird deine Wahrnehmung.

LICHT ist der Schwingungsstrahl von Liebe.
LICHT und Liebe sind eins.
LICHT macht Liebe sichtbar.

Als Lichtfunke haben wir uns vor langer Zeit von unserer Urquelle losgelöst. Dieser Funke waren wir immer, zu jeder Zeit. Auch auf den dichten Schwingungsebenen. Dies konnten wir nicht immer wahrnehmen, da uns die Anbindung an unsere wahre Essenz bisher fehlte.

Durch die Wiedererlangung unserer Verbindung mit der Urquelle erkennen wir, wer wir sind. Bestehend aus Licht sind wir Licht. Ewiges, unendliches und allumfassendes Licht.

Das Licht bewirkt die erhöhte Erdschwingung, und dadurch werden auch unsere Körper durchlässiger. Empfänglicher für diese göttliche Energie. Ganz automatisch erwachen die Zellen, der sogenannte „genetische Abfall", wie es eure Wissenschaft formuliert. Diese bisher bedeutungslosen Energieträger erwachen - jetzt!

Die Lichtdurchflutung bewirkt, dass du deine multidimensionale Realität erkennst. Dazu bedarf es der vollständigen Entfaltung deiner DNA.

Es erfordert deine reine Absicht und dein:
Ja, ich will.

Spezialteams von liebenden Helfern stehen bereit, um deinen Körper an diese universelle Kommunikationsebene anzuschließen. So gelangst du in deine wahre Kraft und Macht. In deine Essenz und in das ständige Gewahrsein Gottes.

Das Licht hat viele Qualitäten, Eigenschaften und Aufgaben. Es ist das Zusammenwirken vieler Ebenen, um diese Transformation zu erlangen.

Unsere Körper und unser Geist sind Licht.
Diese Verschmelzung findet jetzt statt.

Eins-Sein in sich, in seinem Selbst verankert, wird die Menschheit vereinen. Einheit auf allen Ebenen, da wir uns selbst als vollkommene Einheit erleben. Dieser Entwicklungsprozess ist bereits fortgeschritten. Viele Menschen werden plötzlich in eine neue, umfassende Bewusstheit gelangen.

Dies wird im Kollektiv die Wende bringen!
Dort, wo jetzt noch Schmerz, Leid und Trauer sind, wird bald schon die Liebe Einzug erhalten. Und die Dramen der Erde sowie die der Menschen werden sich auflösen.

Was jetzt noch unwahrscheinlich scheint, wird ganz plötzlich eine neue Realität sein:

Leben in Frieden, durch die Kraft der Liebe.

Ist das „Betriebssystem“ des Menschen erst erwacht, ändert sich alles. Das Licht ebnet den Weg, und es flutet dich, damit du deine Kraft und deine wahre Herkunft feiern kannst. Gottes Liebe stellt diesen ursprünglichen Status nun wieder her.

ICH BIN der Anfang und das Ende.
ICH BIN ewig und alles.
ICH BIN das allumfassende Licht.

# URQUELLE DES SEINS

Die Urquelle des Seins ist unser ALLER Heimat. Unser Ausgangspunkt. Der Ort, von dem wir kommen und zu dem wir zurückkehren. Am Ende unserer Reise durch die Welten, deren Realitäten, Erfahrungs- und Seinsebenen.

Die Urquelle ist unser ALLER Lebensessenz. Sie ist reine, ewig in allem pulsierende Schöpferkraft und Liebe.

Vor unendlich langer Zeit haben wir uns losgelöst und sind als göttlicher Funke, als Liebes-Selbst in die Realität der Erde gelangt. Unzählige Leben in allen Facetten wurden uns gegeben, um diese Erfahrungsebene zu meistern.

Für viele Seelen ist die Zeit der wahren Meisterschaft angebrochen! Bestehend aus dem endgültigen Auflösen und Erlösen von Bindungen, Vorstellungen und Illusionen dieser Lebensrealität.

Es ist die Heimkehr in die Urquelle des Seins. Aus ihr sind wir geboren, zu ihr kehren wir zurück; nachdem wir erfüllt haben, wozu wir uns vor langer Zeit und aus freiem Willen entschlossen haben.

Um neue, vor uns niemals mögliche Erfahrung zu kreieren, haben wir uns losgelöst von unserer Essenz. Sich als Liebe zu erfahren auf einer sehr dichten Schwingungsebene – die der Erde.

Stets eingehüllt in die Illusion der Abwesenheit Gottes und des Mangels an Licht und Liebe.

Dies galt und gilt es zu durchschauen. Dahinter zu blicken, um zu erkennen, dass alles da ist, sobald wir den Schleier heben.

Gelangen wir in das Wissen, wer wir tatsächlich sind, lösen sich alle Illusionen auf. Dies geschieht derzeit in einem noch nie da gewesenen Ausmaß. Allerorts.

Die Urquelle des Seins greift ein in diesen Prozess. Und du als ihr Teil bist maßgeblich daran beteiligt, dass die Erde ein der Schöpfung gemäßes Antlitz erhält. Daher auch die direkte Übermittlung von Botschaften aus dieser Ebene des Seins.

Nun stehen viele Menschenkinder davor, die Erfahrungsebene der Erde zu meistern. Illusionen werden durchschaut und unsere wahre Abstammung wird bewusst.

Unser Beitrag für eine sich weitende kosmische Ordnung findet Erfüllung. Wir kehren heim in unser Herz. Das Erwecken von Liebe ist ein untrügliches Zeichen. Durch die Auflösung von allen Blockaden, Mustern und Irritationen gelangen wir in unsere Kraft der Liebe.

Aus dieser Kraft heraus gewinnen wir unsere Bewusstheit zurück. Wir erfahren uns auf dieser verdichteten Schwingungsrealität der Erde als reine Liebe.

Das ist die Meisterschaft, die uns ständig anbindet an unsere Urquelle des Seins. Unmittelbar erfahren - wird dies in unser Herz gelegt.

Sobald uns diese Gnade, unsere eigene Göttlichkeit zu schauen, zuteil wird, ändert sich unser Leben von Grund auf. Das Erkennen unseres ICH BIN und das Erlangen unserer vollen Bewusstheit bringen uns zurück in die Arme Gottes.

Sich auf dieser Schwingungsebene als reine Liebe zu erfahren, dieser Auftrag findet jetzt seinen Abschluss.

Die allgegenwärtige Kraft der Liebe begleitet uns bei dieser Heimkehr.

Erkenne DEINE Göttlichkeit.
Die Urquelle des Seins und DU – seid EINS.

## Biografie

Die gezielte und gewollte Verkörperung des Autors in dieser Zeit hat einen wahren Grund: der Erde und den Menschen beizustehen. Beizustehen bei dem Übergang in die neue Seinsrealität.

Dabei handelt es sich bei dem Autor dieses Buches um eine voll bewusste Wesenheit der Galaxie. Ein Wesen, das als Mensch unzählige Male hier Dienst tat und von Leben zu Leben seiner irdischen Meisterschaft näher kam.

Nun ist auch für ihn Aufbruch, und mit diesen Paradigmenwechsel, der auf der Erde stattfindet, beschließt auch er seine irdische Reise.

Jahn J Kassl, ist ein Wegbereiter, um die Menschen bei dem Weg ins Licht zu begleiten. Um ihnen beizustehen und sie wieder in ihr Vertrauen zu bringen.

Selbst durchwirkt vom göttlichen Licht, dient er allen Lichtwesen, die dieses einmalige Geschenk in Anspruch nehmen wollen.

Seine direkte Erfahrung als Wegbereiter, gewonnen durch viele Leben, fließt uneingeschränkt ein
– in das Herz der Menschen.

Leseprobe aus dem neuen Buch von Jahn J Kassl:

# 2026

## OFFENBARUNGEN GOTTES

MANUSKRIPT FÜR DEN PLANETEN ERDE

# 2012

In wenigen Monaten ist diese Zeitmarkierung durchschritten und hinter euch gebracht.

Viele sprachen vom Ende der Zeit, vom Untergang der Erde, von der Auslöschung der menschlichen Population. Andere wiederum messen diesem Datum den Aufstieg bei, die Erhebung der Erde und der Menschen in eine lichtvolle Zukunft und eine neue Realität:
die Realität der 5. Dimension.

Das hat sich durchgesprochen, und die Menschheit erfasst die Bedeutung dieser Zeit, misst diese Zeitspanne in Angemessenheit aus und erkennt die Zeichen des Himmels.

In vielen Informationen der geistigen Lichtwelten ist darauf hingewiesen, dass der Aufstieg des Planeten und der Menschheit in das Licht vonstatten geht, und so ist jedes Weltuntergangszenario auszuschließen. Das ist durch die spirituelle Entwicklung des Menschengeschlechts gewährleistet und heute garantiert.

Doch was markiert 2012? Wodurch ist dieser Zeitabschnitt zu solcher Bedeutung gelangt, und was bringt das Durchschreiten dieser Zeit für die Menschheit im Einzelnen?

Zunächst soll darauf hingewiesen sein, dass dieses Datum keine fixe Konstante ist und euch am 1.1.2013 nicht über Nacht das Paradies auf Erden, von dem oft die Rede ist, entgegenblickt.

So ist es keinesfalls, denn jede Entwicklung vollzieht sich nach und nach, und eine Jahreszahl beschreibt immer nur den potentiellen Grad eines Prozesses. Die Möglichkeiten einer Entwicklung und die Wahrscheinlichkeit, mit der sie eintrifft.

Seit Jahrtausenden ist in der Vorsehung aus dem Sein, im ewigen Kalender der Erde, diese Jahreszahl verzeichnet und markiert den Wiedereintritt der Erde in die göttliche Ordnung, die durch Licht und Liebe ausgedrückt ist. Die Abtrennung von diesen Ebenen ist zu dieser Zeit abgeschlossen, Vergangenheit und abgestreift.

Die Eingliederung des Planeten in diese hoch schwingende göttliche Lichtdimension vollzieht sich bereits seit Jahren, und so markiert das Datum einen ganzen Abschnitt in der Zeit, in der sich diese Anbindung an das lichtvolle Sein vollzieht. Was vor Jahren seinen Anfang nahm, setzt sich auch darüber hinaus fort und ist aus heutiger Sicht um das Jahr 2026 abgeschlossen.

Was aber geschieht bis dahin, und wie findet dieser Wandel der Gesellschaft und des Zusammenlebens der Menschheit statt?

Diese Fragen sollen in diesem Buch beantwortet werden, und alle Potentiale, die euch nun zur Verfügung stehen, sollen vor euch ausgebreitet sein.

Und es sind immer die „Potentiale“, die Möglichkeiten, die hier beschrieben sind. Denn nach wie vor ist der „Freie Wille“ unberührt, und ihr seid die Gestalter dieser neuen Erde.

An euch wächst die neue Welt wie Reben an einem Weinstock empor, und ihr seid es, die dieses Wachstum fördern oder aber beeinträchtigen.

Dennoch beschreibt das Jahr 2012 einen Zeitabschluss, der jeder Auflehnung gegen das Licht, jedem Weiterführen von dunklen Absichten und jeder Destruktivität ein Ende bereitet.

Alle Wesenheiten, die ab diesem Zeitpunkt in ihren alten Gewohnheiten, Mustern, und Programmierungen verharren und auf das Ausagieren derselben bestehen, werden auf der Erde keinen Halt mehr finden. Wie Sandstaub werden sie herumgewirbelt und von der Erde hinweggenommen.

Nach 2012 gibt es keine Möglichkeit mehr, an den alten Machtprägungen festzuhalten, da diesen alle Befugnis und Berechtigung entzogen ist.

Die Schwingung des Planeten ist zu dieser Zeit dermaßen verändert und den göttlichen Licht und Liebesimpulsen angepasst, dass jede Kraft, die dazu keine Entsprechung findet, zu Fall kommt und keinen Lebensraum für diese Energien vorfindet. Das Zeiten-Ende beschreibt also das Ende einer Energiequalität: das Ende der Dunkelheit auf Erden!

Die vergangenen Jahre, haben euch immer wieder daran erinnert, wer ihr seid, wozu ihr euch entschieden habt, hinabzusteigen, und was sich auf der Erde nun den Weg bahnt.

In vielen Mitteilungen aus den Lichtwelten des Seins stand dieses zu lesen, und jeder hatte ausreichend Gelegenheit, seinen Faden zu finden, seine Anbindung an das ewige Leben zu erlangen.

Alle jene, die sich diesen Tatsachen bis dahin verschließen, werden das Wissen um ihr Sein in der unsichtbaren Welt zurückerlangen, auf Erden werden sie dieser Erkenntnis jedoch nicht teilhaftig.

So beschreibt das Jahr 2012, das viele Vermutungen, Annahmen und auch Ängste schürte, den endgültigen Eintritt der Erde in die Lichtqualität der 5. Dimension. Dann ist dieser Vorgang abgeschlossen und alle Ereignisse und Entwicklungen auf dem Planeten gewinnen abermals eine neue Dynamik.

Wie bereits gesagt, ist dann die Zeit, in der sich nichts Destruktives mehr hält, angebrochen, und das bedeutet gewaltige Veränderungen in eurer Gesellschaft. Eine Umformung, die in ihrem Fortschritt ehrfurchtgebietend ist und in der Geschichte der Erde einmalig.

Noch schneller und nachhaltiger setzen sich die neuen Errungenschaften durch und schaffen auf allen Ebenen eures Lebens neue Tatsachen.

Das, was euch bisher schon in Staunen versetzte, da es sich eurem Empfinden nach so „zeitlos“, also ohne lange Zeitrahmen ereignete, wird ab diesem Zeitpunkt gesteigert, und wahrlich, „über Nacht“ werden die neuen Tatsachen in euer Leben treten.

Da sich die dunklen Kräfte bis dahin restlos von der Bühne ihrer Machenschaften verabschiedet haben, gewinnt dieser Prozess ein solches Tempo, denn nichts behindert diesen, und niemand blockiert die Entwicklung der Menschheit zu vollbewussten Wesen der Schöpfung.

2012 markiert definitiv das Ende der alten Zeit! Einer Zeit, mit allen ihren Eigenschaften, den Auswüchsen und der Trägheit, die euch bis dahin gefangen hielt.

Zu dieser Zeit hat das Licht gesiegt, und dieser Tatsache folgt alles, was dadurch bedingt ist – bedingungslos und nachhaltig!

Die Menschheit bildet sich endgültig zu einer Einheit heran. Das Geburtsrecht eines jeden Menschen auf Unterkunft, Nahrung, Besitz und Wohlstand wird umgesetzt. Das Zusammenleben zwischen Mann und Frau entspricht dem selbst gewählten Ausdruck der Seele, und keine Verhaltensmuster aus den alten Tagen der Zeit blockieren dieses.

Eine Freiheit, die durch euer Selbst verwaltet ist, da die Anbindung an euer Selbst konstant und klar ist.

Den Veränderungen auf gesellschaftlicher Ebene stehen die Veränderungen im persönlichen Bereich um nichts nach. Ab diesem Zeitpunkt ist der Großteil der Menschheit soweit geklärt und fortgeschritten, dass die spirituelle Natur erwacht. Unweigerlich werden so neue Möglichkeiten freigesetzt.

Das Erwachen beschreibt das Gewahrsein seines Lichtkörpers. Dieser bildet sich in den folgenden Jahren bei allen Menschen aus und bedeutet eine völlig neue Wahrnehmung der Schöpfung. Körperaustritte, wie sie jetzt nur Wenigen vorbehalten sind, oder wie ihr sie derzeit in euren Träumen erlebt, sind dann alltäglich, und ihr erkundet die vielen Ebenen des Seins.

Das Verständigen mittels Gedankenübertragung findet Einzug in euren Alltag, darauf folgend werden eure Körper mit einer feinen Lichtstruktur ausgestattet, die euch erlauben wird, durch eine liebende Absicht zu den Menschen und Orten zu reisen, die eure Anwesenheit bedürfen.

Stellt euch die Traumebene vor, wie ihr euch ihrer heute bedient. Doch in Zukunft wählt ihr bewusst und seid bewusst, so ihr Ereignisse in euer Leben bringen wollt.

Es öffnet sich euch der Zugang zu diesen Ebenen eures multidimensionalen Seins. Die Energieversorgung, die euch jetzt noch so viel Phantasie abverlangt, ist dann ein selbstverständlicher Vorgang, da ihr direkt aus dem Äther schöpft.

Direkt aus dem Licht, das ihr solcherart anfordern könnt und das euch auch in allen alltäglichen Bereichen zur Verfügung steht.

Bis dahin hat sich Klima auf Erden geändert, und Wetterextreme nehmen ab, bis sie ganz verschwinden.

Bis dahin seid ihr nicht länger auf der Suche nach Nahrung, da ihr problemlos auch ohne diese auskommen könnt, so euch danach ist, doch ohne dies ist euch der Überfluss der Erde gegeben. Bis dahin bezieht ihr alle Energien für euch und das Zusammenleben auf Erden direkt aus dem Sein – dem Äther an Licht; diese Quelle steht euch dann zur Verfügung.

All das ist ab 2012 in einer neuen, atemberaubenden Dynamik auf Schiene gestellt, und das Jahr 2026 bedeutet den Abschluss dieser Entwicklung.
Zu dieser Zeit ist die Erde bereits eingereiht in die planetare Ordnung der Lichtwelten, und von diesem Zeitpunkt an sprechen wir von einer vollbewussten Gesellschaft.

2012 markiert das Ende einer unbewussten und in Dunkelheit watenden Menschheit. Das Ende einer Epoche, die uns Großes gelehrt hat, denn die Abgeschiedenheit von der Quelle hat der Unendlichkeit allen Seins eine neue Erfahrung hinzugefügt und um diese Gotterfahrung erweitert.

Bitte benutzt die euch verbleibende Zeit dafür, das Licht zu erwählen, denn dunkle Absichten haften nicht mehr und werden abgestoßen.

Im Jahre 2026 ist die Dunkelheit längst „Geschichte“. Kriege, Ereignisse aus einer vergangenen Zeit, Hass, Egosucht, Gier und Ängste sind definitiv ausgestorben, da es dafür keine Grundlagen mehr gibt.

Eine kurze Zeitspanne, ihr Geliebten,
die sich nun erfüllt.

Die folgenden Kapitel beleuchten die einzelnen Weggabelungen und konkrete Auswirkungen auf das Zusammenleben der Menschen und den Fortschritt des Individuums.

Alles stellt sich um, und die Zeit, in der der Schlussakkord erklingen soll, der Moment, an dem der Garten Eden großteils umgesetzt und wiedererrichtet ist, ist ausgedrückt in der Zahl des Jahres 2026.

Ein Buch aus dem Sein, für eine Menschheit,
die in das Sein zurückkehrt.

Amen.

# Prolog

# 1.1.2013

Die Welt ist eine andere.

Unsichtbar hat sich die alte Zeit zurückgezogen und im Sein aufgelöst.

Unmerklich zunächst noch, doch hinter euch verschieben sich die Kulissen, und am Horizont zieht ein neuer Morgen herauf.

Nichts mehr ist so, wie es war, in den Jahren, die die Gezeiten auf Erden bisher bestimmten. Der Wandel ist vollzogen, und die Kräfte der Dunkelheit sind abgelöst.

Von nun an übernimmt das Licht die Führung und begleitet die Menschheit zurück zum Ursprung.

Dieses Zepter wird nicht mehr abgegeben, bis sich die neue Erde etabliert hat, bis die alten Energien restlos aus dem Energiefeld des Planeten gelöst sind. Für euch scheint alles wie bisher zu verlaufen, während der Umbau der Gesellschaft in einen neue Phase tritt.

Durch das Einatmen Gottes wird die Erde dem Licht zugeführt, bis sie ganz davon eingenommen ist.
Die Zeit der großen Umbrüche hat begonnen, denn heute ist das Zeiten-Ende erfüllt und das Menschengeschlecht zum großen Wandel bereit.

Impressum

LICHT II
by Jahn J Kassl
Lichtwelt Verlag

ISBN 978-3-9502852-0-8
1. Auflage/German Edition


www.lw-verlag.com


Printed in Austria

Design/Denise Burkhard
Lektorat/Gabriele Heuchemer
Druck/Koisser-Druck

Das für den Druck verwendete Papier:
Werkdruck (EOS) zu 100% chlorfrei gebleichtem
Zellstoff (ECF) hergestellt, PEFC-zertifiziert.